Profi-Grillmeister
Sven Dörge

Gasgrill

DIE BESTEN REZEPTE

Bassermann

Die Dos & Don'ts
beim Grillen

»Erlaubt ist, was gefällt«,

so gestattet es uns der große Dichter,

und so sollten wir es grundsätzlich

auch beim Grillen halten.

Hier dennoch ein paar gute Ratschläge,

was man tun und lassen sollte.

Besonders gut, oder wie mache sagen würden ein unbedingtes must:

» Nimm dir Zeit, bei allem was du tust!

Im Grunde könnte man diese Regel zehnmal aufschreiben und hätte alles gesagt, aber man beachte auch noch neun weitere:

» Beachte ein Grundmaß an Sicherheit.

» Arbeite stets mit guter Ware.

» Sei kreativ bei deinen Gerichten.

» Arbeite sauber, insbesondere bei Hackfleisch, Fisch und Geflügel.

Besonders schlecht, oder wie manche sagen würden ein no-go:

» Lass das häufige Wenden des Fleisches.

» Wende Fleisch nie mit der Gabel, sondern mit einer Zange.

» Lösche nie mit Bier.

» Lege nie gepökelte Ware auf den Grill.

» Schneide nie das fertig gegrillte Fleisch parallel zur Faser.

Inhaltsverzeichnis

Informationen

Die Rezepte

Ein Wort
zum Gasgrill

Bis vor einigen Jahren galt der Gasgrill bei uns nicht unbedingt als richtiger Grill, ein richtiger Grill war nur einer mit Feuer & Glut... Diese Art des Denkens war so ein seltsames Männer-Ding, ähnlich dem Wortgebrauch von Warmduscher, Schattenparker oder auch Foliengriller und noch heute wird das Grillen von vielen ,echten Kerlen' so betrachtet.

Gleichwohl hat sich das Image des Gasgrills in den letzten Jahren erfreulich gemausert, denn immer mehr werden die Vorteile des Gasgrills erkannt - vielleicht ist das ja auch eine Generationsfrage... Hat man erst einmal festgestellt und akzeptiert, dass der Gebrauch des Gasgrills keine geschmacklichen Einbußen gegenüber dem Kohlegrill mit sich bringt, ist die wesentliche Hemmschwelle überschritten, so dass man nun auch anzuerkennen bereit ist, dass der Gasgrill sehr schnell einsatzbereit ist, dass er keinen Kohle- und Aschedreck produziert und dass seine Temperatur deutlich präziser zu steuern ist als die des Kohlegrills.

Dieses Buch gibt Ihnen eine Reihe praktischer Tipps und Hinweise zum Verständnis und zum Gebrauch des Gasgrills und natürlich finden Sie dazu auch eine Reihe schöner Rezepte.

Barbeque und Sex

Gestatten Sie noch einen guten Rat fürs Leben. Suchen Sie weder beim Sex noch beim Barbecue das hohe Glück im Extravaganten. Auch beim Barbecue gilt: Erst wenn Sie die Missionarsstellung richtig beherrschen, sollten Sie sich weiter voran wagen. Theodor Fontane (1819-1898) hat es hervorragend auf den Punkt gebracht:

„Gott, was ist Glück! Eine Grießsuppe, eine Schlafstelle und keine körperlichen Schmerzen – das ist schon viel."

Kleine Gerätekunde

Einfache Gasgrills beginnen bei ca. 70 Euro. Sie sind für Steaks, Bratwürste, Gemüsescheiben, Fischfilets oder Brotscheiben recht ordentlich geeignet, sie besitzen eine relativ kleine Grillfläche, die für 2 bis 4 Personen jedoch vollkommen ausreicht.

Diese Geräte haben nur einen Brenner, der meist dicht unter dem Grillrost sitzt, so dass eine sehr intensive Unterhitze entsteht. Oberhitze entsteht bei diesen Geräten trotz Deckel hingegen kaum. Diese Geräte sind konstruktiv also eher für das direkte Grillen, also für die ungehinderte Hitzezuführung an das Grillgut konzipiert.

Größere Geräte weisen einen deutlich größeren Abstand zwischen Flammen und Grillrost auf, sie besitzen einen Deckel und die Wärme aus den Flammen wird so geführt, dass sie nicht direkt auf das Grillgut trifft, sondern sehr gleichmäßig den gesamten Innenraum aufheizt. Dadurch gelangt an jeden Punkt des Grillgutes die gleiche Temperatur, im Prinzip genauso wie in der Backröhre.

Im mittleren Preissegment rangieren die Geräte von Outdoorchef und Rösle ganz weit vorn - rundum solide gearbeitet, multifunktional einsetzbar, mit 2 Brennerkreisen und sehr harmonischer Temperaturverteilung. Hier sind sämtliche Barbecuegerichte möglich, aber auch Brot, Pizza, Muffins, Paella und echte Wokgerichte. Obwohl diese Geräte für das indirekte Grillen konzipiert sind, bei der die Hitze durch Bleche nur über Umwege an das Grillgut gelangt, bieten Sie durch eine Verschiebung dieser Bleche dennoch eine Möglichkeit, Fleisch & Wurst auch direkt anzubraten. Geräte dieser Bauart kosten ab 350-400 Euro aufwärts. Persönlich bevorzuge ich dieses Konstruktions- und Preissegment, weil es für den gewöhnlichen Gebrauch und die normale Geldbörse am besten geeignet ist.

Größere und teurere Geräte kauft man vor allem weil man das will. Kaufen Sie hier nicht das Billigste aus dem großen Segment, sondern lieber das Beste aus dem mittleren.

Grundsätzliche Kriterien für die Kaufentscheidung:
- solide Abdeckung der Heizstäbe gegen herabtropfendes Fett
- ausreichende Haubenhöhe für größeres Grillgut
- gute Reinigungsmöglichkeiten

Direktes und indirektes Grillen

Direktes Grillen: ungehinderte Hitzezuführung an das Grillgut. Das Grillgut liegt über der Flamme.

Indirektes Grillen: das Grillgut wird neben der Flamme platziert, die Hitze gelangt über Umwege (heißes Blech) an das Grillgut.

Sicherheit

Überprüfen Sie regelmäßig alle Verbindungen auf Dichtigkeit und schauen Sie sich die Schläuche an.

Springt Ihr Gasgrill nach mehreren Versuchen nicht sofort an, bedenken Sie, dass sich nun einiges an Gas gesammelt hat und lüften Sie für 1 bis 2 Minuten.

Falls es irgendwo brennen sollte: Schließen Sie die Gasflasche! Sollten die Flammen unmittelbar an der Flasche austreten, nehmen Sie ein Handtuch und greifen damit beherzt zu. Sie können auch Wasser darüber schütten oder eine Flasche Bier, Hauptsache die Flammen gehen aus.

Abschließend noch kurz ein juristischer Aspekt: Sofern Ihnen im Schadensfall grob fahrlässiges Verhalten nachzuweisen ist, erlischt der Versicherungsschutz!

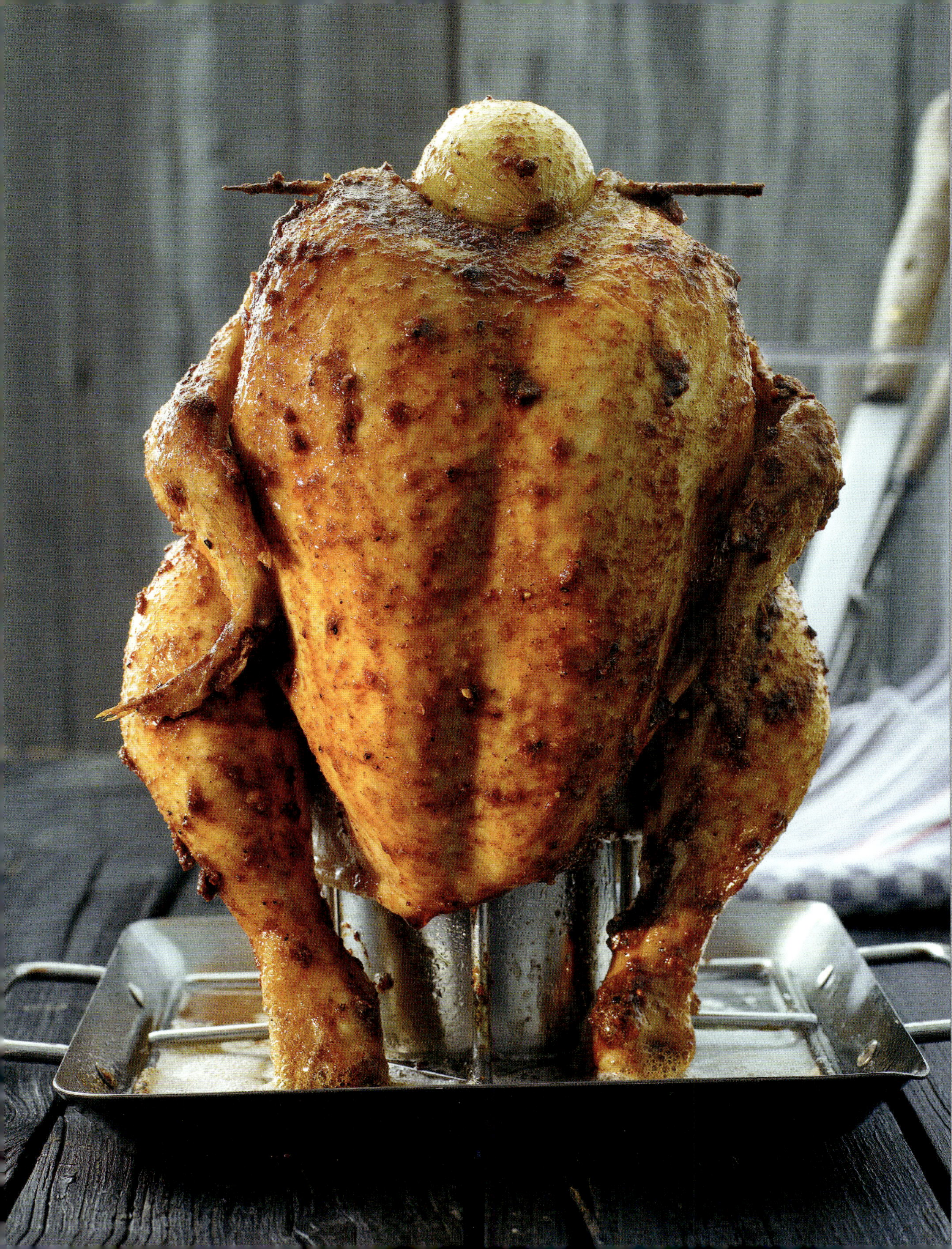

Kleine Warenkunde

Fleisch

Meine wichtigsten Kriterien beim Fleischkauf sind Gesundheit, Genuss und Ethik - da sind Supermarkt und Discounter für mich raus. Gehen Sie nach Möglichkeit zum örtlichen Metzger und kaufen Sie möglichst kein Fleisch aus Massentierhaltung, sowohl aus ethischen wie auch aus geschmacklichen und gesundheitlichen Gründen.

Wann ist Fleisch gut gegrillt

Wann das Fleisch soweit ist, erkennt man bei Scheibenware recht einfach durch Drücken mit dem Daumen oder dem Wender. Wenn es leicht elastisch federt, ist es medium, so wie die meisten es am liebsten mögen. Gibt es zu sehr nach, ist es innen noch sehr blutig. Völlig durchgebraten gibt das Fleisch beim Drücken nicht mehr nach. Schwein, Wild und Geflügel sollten stets etwas mehr durchgegart sein als Rind oder Lamm. Bei kompakteren Fleischstücken wird die Druck-

methode nicht mehr funktionieren. Hier hilft ein Bratenthermometer, das man in die dickste Stelle des Fleisches sticht, um dort die Kerntemperatur zu messen. Als grober Faustwert mag gelten: Rind 58 bis 60 Grad, Schwein 65 bis 67 Grad, Geflügel und Wild 80 Grad.

Schwein

Obwohl gutes Schwein sehr schmackhaft ist und sehr wohl ohne Marinade auskommt, wird es meist kräftig mariniert. Nackenscheiben und Filets eignen sich gut zum direkten und indirekten Grillen - Schulter, Rippen, Hüfte, Kotelett und ganze Kammstücke besser für stundenlanges Barbecue. Verzichten Sie möglichst auf Supermarkt-Fleisch und suchen Sie eher nach gutem Rassefleisch.

Rind

Rind besitzt einen kräftigen unverwechselbaren Eigengeschmack der maximal noch etwas Salz und Pfeffer benötigt, es sollte ca. vier Wochen abgehangen sein. Auf Tiefkühlware sollte man möglichst verzichten.

Rumpsteak, Entrecote, Filet und T-Bone sind sowohl für das direkte wie auch das indirekte Grillen geeignet. Einige Teile des Rindes, wie Oberschale, Brust, Bug und Blume, eignen sich nicht zum direkten Grillen, gelingen jedoch auf dem Barbecuegrill hervorragend.

Lamm

Lamm ist durch den hohen Gehalt an Vitaminen, Mineralstoffen und Eiweiß besonders wertvoll. Es ist sehr zart und braucht wegen seines guten Eigengeschmacks lediglich etwas Pfeffer, Knoblauch, Bärlauch, Salz oder Rosmarin. Gut geeignet sind auch Joghurt, Öl, Minze, Tomaten, Zwiebel, Petersilie, Zitrone, Koriander und Kardamom.

Hackfleisch

Aus Hackfleisch werden meist Spieße, Röllchen oder flache Scheiben geformt. Aber auch als Füllung für Gemüse ist es sehr beliebt. Hackfleisch muss stets kühl gehalten werden, denn die extrem vergrößerte Oberfläche bietet Keimen ungleich mehr Angriffsfläche als ein gewachsenes Fleischstück. Damit die Masse gut bindet, sollte Hackfleisch ausdauernd geknetet werden - nach dem ersten Kontakt mit dem Grill verbindet sich die Masse dann zunehmend von selbst.

Hackfleisch kann getrost etwas „überwürzt" werden. Traditionell verwendet man Pfeffer, Salz, Knoblauch, Zwiebeln, Chili, Koriander, Kurkuma, Kreuzkümmel, Petersilie und Minze. Hackfleisch sollte mit einer Kerntemperatur von mindestens 70 °C gut durchgegrillt sein. Damit es nicht austrocknet, empfiehlt sich in der Regel eine Mischung aus Rind und dem etwas fetteren Schwein. Sehr empfehlenswert sind jedoch auch Lammhackfleisch, Geflügelhackfleisch oder auch Mischungen aus mehreren

Sorten.
Hilfreich gegen das Anbacken auf dem Rost ist ein kurzes Anfrieren der geformten Masse.

Geflügel

Geflügel ist leicht verdaulich, fettarm, gesund und variabel zuzubereiten. Das entscheidende Problem am ganzen Tier sind die Knochen. Sie verzögern den Garprozess in die Tiefe, eine Situation, die wir auch von Spareribs kennen.

Für Geflügel gilt eine relativ hohe Gefährdung durch Salmonellen. Konsequente Kühlung sowie Reinigung aller benutzten Geräte und Flächen ist daher Pflicht. Bei einer Kerntemperatur von 80-85°C ist Geflügel dann verzehrbereit.

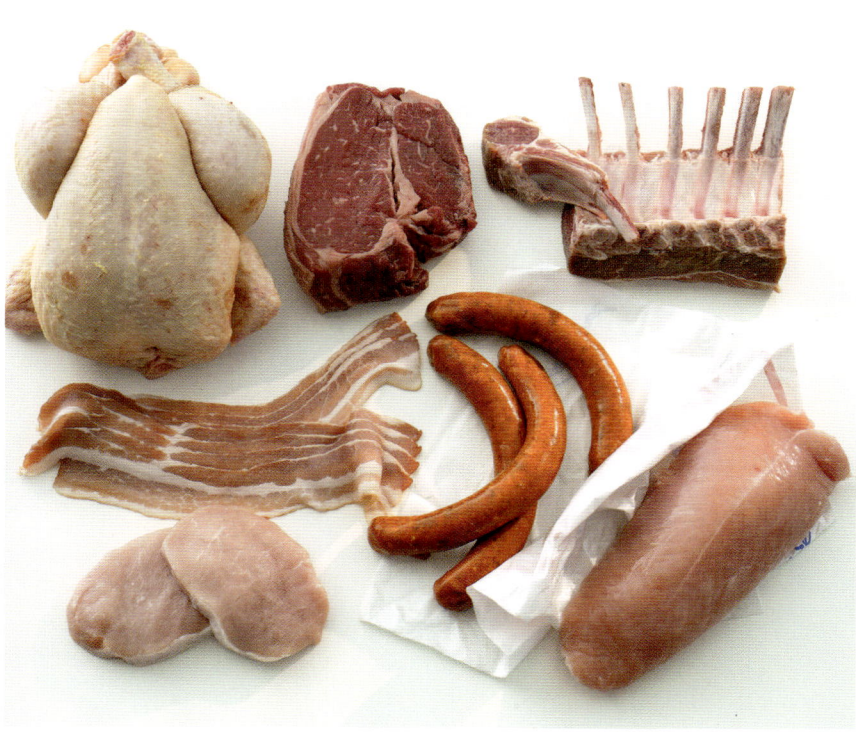

Fisch & Meeresfrüchte

Fische sind reich an Eiweiß, Mineralstoffen, essentiellen Omega-3-Fettsäuren und Vitamin D. Bei Fisch entscheidet man sich vorzugsweise für fettreiche Sorten wie Barsch, Lachs, Forelle, Scholle, Brasse oder Makrele, denn so bleibt das Fleisch problemlos saftig.

Meeresfrüchte müssen stets frisch gekauft und verarbeitet werden. Dabei reden wir weniger von Tagen als von Stunden! Beurteilen lässt sich der Frischegrad am fehlenden Fischgeruch, an klaren Augen, an frisch-roten Kiemen und an der Glaubwürdigkeit des Händlers.

Fisch ist im Geschmack sehr fein und sollte nur dezent gewürzt werden. Dazu bieten sich Öl-marinaden mit frischen Kräutern und Gewürzen wie Petersilie, Schnittlauch, Thymian, Koriander, Kerbel, Estragon, Majoran, Lorbeerblatt, Pfeffer, Knoblauch, Lauch, Zitronenschale, Kresse oder Fenchel an. Auf Zitrone sollte vor dem Grillen grundsätzlich verzichtet werden, um das Fleisch strukturiert zu erhalten. Da Fisch gern am Rost hängen bleibt, verwenden Sie Bananenblätter oder Fischwender.

Meeresgetier benötigt meist nur sehr geringe Garzeiten, in der Regel wird bei mittlerer Hitze direkt gegrillt. Gar ist der Fisch, wenn sich die Fleischlamellen beim leichten Andrücken mit der Gabel bis zur Gräte lösen.

Gemüse

Gemüse wird meist in Streifen, Stücke oder Scheiben geschnitten und bei kurzen Zeiten direkt gegrillt. Durch den Feuchtigkeitsverlust wird der Geschmack intensiver. Um den Eigengeschmack zu unterstreichen wird oft mit Öl, Salz, Pfeffer, Zitrone, Knoblauch und Kräutern mariniert.

Da viele Gemüsesorten ein gewisses Volumen besitzen, lassen sie sich auch sehr interessant mit Fleisch, Fisch oder anderem Gemüse füllen.

Obst

Ananas und Banane sind als Grillgut bereits recht bekannt. Aber auch Trockenfrüchte, Papaya, Mango, Erdbeere, Weintraube, Kiwi, Grapefruit, Feige, Aprikose, Melone oder andere Früchte eignen sich hervorragend. Wie beim Gemüse können Früchte auch in Verbindung mit Fisch, Fleisch und Käse gegrillt werden. Die Zubereitungszeiten liegen je nach Konsistenz, Verarbeitung und Grillmethode zwischen vier und 15 Minuten.

Marinaden

Die Wirkung von Marinieren ist sehr begrenzt und meist wird zu viel des Guten getan. Wer dennoch marinieren will, sollte so dezent vorgehen, dass der Eigengeschmack des Grillgutes dezent unterstützt wird. Den Grundstoff von Marinaden bilden zumeist Essig, Wein, saure Sahne, Joghurt, Buttermilch, Öl, Bier oder Säfte. Je nach Wunsch kommen Kräuter, Gewürze, Früchte, Zwiebeln, Senf, Ketchup oder Honig hinzu.

Salz entzieht dem Fleisch weder pur noch in der Marinade irgendwelche Flüssigkeit. Salzen Sie also wann und so viel Sie mögen. Nach dem Marinieren wird das Fleisch abgespült und trocken getupft.

Saucen & Dips

Stellen Sie Ihre Saucen am besten selbst her - Honig, Nüsse, Chili, Petersilie, Koriander, Knoblauch, Zwiebeln, Fruchtsäfte, Öl und Sojasauce wären dazu die gebräuchlichsten Zutaten.

Dips werden in der Regel für Brot und Salate verwendet. Die Gemüse- oder Fruchtanteile überwiegen, die Struktur ist oft gröber als die von Saucen, und gelegentlich wird auch Frisch- oder Schafskäse zu ihrer Herstellung verwendet.

Spareribs

für 4 Personen | **Zubereitungszeit** 20 Minuten plus Garzeit | **Marinierzeit** 24 Stunden

Zutaten

1,8 kg Schweinerippen
(vom Metzger in 4 Stücke schneiden lassen, um eine einheitliche Garstufe zu erzielen)
500 ml Spareribs-Marinade
(siehe Seite 103)

Zubereitung

Die auf der Rückseite der Schweinerippen befindliche Hautschicht komplett abziehen, denn sie gart nicht durch und bleibt immer zwischen den Zähnen hängen. Zudem dringt die Marinade dann besser in das Fleisch ein. Dafür die Haut zunächst an einer Ecke mit einem spitzen Messer lösen und sie dann von Hand abziehen, ähnlich wie bei einem Aufkleber.

Die Ribs mit der Marinade einstreichen. 24 Stunden an kühlem Ort ziehen lassen.

Den Grill auf eine Temperatur zwischen 90 und 120 °C vorheizen (die Temperatur hängt von der Dicke des Fleisches ab – je dicker das Fleisch, desto niedriger die Temperatur).

Die Marinade grob abtropfen lassen und die Ribs auf den heißen Grill legen. Auf jeden Fall indirekt und am besten mit geschlossenem Deckel grillen. Mit der restlichen Marinade die Ribs während des Grillens mehrmals einpinseln.

Fertig ist das Fleisch, wenn es sich deutlich von den Knochen löst, das kann durchaus 2 bis 3 Stunden oder länger dauern.

Tipp

Oft genug werden Spareribs (geschälte Rippchen) zu heiß und zu kurz gegrillt. Das Ergebnis sind außen angebrannte Stücke, die innen noch von Fett triefen. Stellt man diesen Umstand rechtzeitig fest, ist die einzige Schlussfolgerung: Runter mit der Temperatur und die Garzeit verlängern!

Die Verweildauer der Ribs auf dem Grill hängt vom Fleisch und dem zur Verfügung stehenden Zeitrahmen ab. Garzeiten von 1 bis 8 Stunden und mehr sind dabei keine Seltenheit. Die Garzeit steuert man dann über die Temperatur. Merke: Solange die Ribs noch Fett enthalten, werden sie immer besser, denn das Fett gibt weiterhin Geschmack ab und hält das Fleisch feucht.

Schweinerückentaschen
mit Forelle und Erdbeeren

für 4 Personen | **Zubereitungszeit** 20–25 Minuten plus Garzeit | **Marinierzeit** 1 Stunde

Zutaten

4 Zwiebeln
20 Erdbeeren
200 g geräuchertes Forellenfilet
4 EL Aceto balsamico
4 EL Olivenöl
4 Scheiben Schweinerücken
(mind. 2 cm stark)
Außerdem:
Zahnstocher

Zubereitung

Für die Füllung die Zwiebeln abziehen, halbieren und in hauchdünne Scheibchen schneiden. Die Erdbeeren waschen, putzen und ebenfalls in dünne Scheiben schneiden. Das Forellenfilet in 1 Zentimeter große Stücke schneiden. Alles zusammen mit Essig und Öl gut durchmischen und 1 Stunde durchziehen lassen.

Das Fleisch kurz abspülen, mit Küchenkrepp trockentupfen und flach auf eine Arbeitsfläche legen. Mit einem scharfen, spitzen Messer je eine Tasche in die Fleischscheiben schneiden. Sie sollten möglichst groß sein, die Ränder aber nicht durchstoßen werden.

Den Zwiebelsud abgießen und die Masse in die vorbereiteten Fleischtaschen füllen. Die Öffnungen mit je 2 Zahnstochern verschließen.

Die Taschen 30 bis 40 Sekunden von jeder Seite scharf anbraten und dann bei 250 °C und geschlossenem Deckel 8 bis 10 Minuten indirekt weitergrillen.

Tipp

Mit etwas Charme kann sicher auch der Metzger schon die Taschen ins Fleisch schneiden. Statt Erdbeeren kann man auch Kiwi oder anderes, möglichst säuerliches Obst verwenden.

Auch bei direkter Grillmethode gelingen diese Taschen. Allerdings sollten dann die Hitze reduziert sowie die Taschen mehrfach gewendet und leicht geölt werden. Das Fleisch kann natürlich vorher mariniert werden, der Geschmack wird dadurch aber nicht besser.

Wodkafleisch

für 4 Personen
Zubereitungszeit 10–15 Minuten plus Garzeit | **Marinierzeit** 48 Stunden

Zutaten

1 kg Zwiebeln
1 kg Schweinekamm oder -filet
1500 ml Wodka
3 EL Salz
Außerdem:
10–12 Schaschlikspieße
(wegen der hohen Temperatur
aus Metall)

Zubereitung

Zwiebeln abziehen und in halbe Ringe schneiden. Das Fleisch in 3 Zentimeter große Würfel schneiden und mit Zwiebelringen, Wodka und Salz vermengen. Einen lose sitzenden Deckel auflegen und mit einem sehr kräftigen Gewicht beschweren. Abdecken und das Fleisch an kühlem Ort 48 Stunden ziehen lassen. Die Fleischwürfel auf Spieße ziehen und bei mindestens 300 °C ca. 4 Minuten von allen Seiten direkt anbraten.

Tipp

Für dieses Gericht am besten Metallspieße verwenden, denn die hohen Temperaturen vom Grill könnten z. B. Bambusspießen gefährlich werden.

Dank

an Reinhold, der mir dieses Rezept aus Kirgisien mitgebracht hat.

Steakröllchen
mit Gemüsefüllung

für 4 Personen | **Zubereitungszeit** 20–25 Minuten plus Garzeit | **Marinierzeit** 2 Stunden

Zutaten

6 TL Grillgewürz (Rub, siehe Seite 103)
8 EL Olivenöl
4 Scheiben Schweinenacken-steaks (4 mm stark, vom Metzger geschnitten)
4 Frühlingszwiebeln
4 Möhren
Außerdem:
Zahnstocher

Zubereitung

Zunächst das Fleisch marinieren. Dazu in einem tiefen Teller das Grillgewürz mit dem Öl anrühren. Das Fleisch einlegen, im Sud wenden, abdecken und ca. 2 Stunden in den Kühlschrank stellen. Frühlingszwiebeln und Möhren waschen, putzen und in 4 bis 5 Zentimeter lange Streifen schneiden. Die Gemüsestreifen sollten nicht länger sein als das Fleisch breit ist, damit nichts übersteht und verbrennt. Die Frühlingszwiebeln können ihren vollen Durch-messer behalten, die Möhren in ca. 4 Millimeter breite Streifen schneiden.

Das Fleisch aus der Marinade heben, abtropfen lassen und flach ausbreiten. Jedes Stück Fleisch mit mehreren Gemüsestreifen belegen und zusammenrollen. Die Fleischenden mit 2 Zahnstochern fixieren. Die Steakröllchen auf den Grill legen und bei 250 °C und geschlossenem Deckel 8 bis 10 Minuten indirekt grillen.

Tipp

Zusammen mit ein paar Rosmarinkartoffeln (siehe Seite 75) ist das Gericht komplett.

Experimentieren ist angesagt: Möhren und Frühlingszwiebeln können auch durch Porree- oder Paprikastreifen ersetzt werden. Auch bei direkter Grillmethode gelingen diese Röllchen. Allerdings sollten dann die Hitze reduziert und die Röllchen mehrfach gewendet werden.

Lammburger
mit Gorgonzola

für 4 Personen | **Zubereitungszeit** 15–20 Minuten plus Garzeit

Zutaten

2 Frühlingszwiebeln
4 Stängel glatte Petersilie
10 Blätter frische Minze
1 EL Olivenöl
3 EL mittelscharfer Senf
1 EL Ketchup
1 TL Zitronenpfeffer
Salz
2 EL Paniermehl
500 g Hackfleisch vom Lamm
8 Toastbrötchen (Toasties)
4 Tomaten
100 g Gorgonzola

Zubereitung

Frühlingszwiebeln waschen, putzen und klein schneiden. Petersilie und Minze kurz abbrausen und trockenschwenken. Frühlingszwiebel, Petersilie, Minze und Öl grob pürieren. Zusammen mit Senf, Ketchup, Zitronenpfeffer, Salz und Paniermehl unter das Hackfleisch mischen. Die Masse ausgiebig kneten, bis sie gut bindet.

Aus der Fleischmasse 8 flache, handtellergroße Fladen formen. Die Burger kurz, ca. 30 Sekunden, von beiden Seiten sehr scharf anbraten. Danach bei 220 °C und geschlossenem Deckel 6 bis 8 Minuten indirekt weiter grillen.

Den Garzustand der Fleischfladen durch leichtes Draufdrücken feststellen. Sind die Burger nahezu fest, etwas Gorgonzola mittig auflegen und schmelzen lassen.

Die Toastbrötchen aufbrechen und toasten. Die Tomaten waschen und in dünne Scheiben schneiden.

Je 1 Burger und je 2 Tomatenscheiben auf die Unterseite der Toastbrötchen legen und deren Oberseite als Deckel auflegen.

Tipp

Das dürfte auch den Kleinen schmecken!
Wer mag, kann natürlich noch diverse Saucen unter und über die Burger geben.
Ob man dann noch schmeckt, was man Leckeres produziert hat,
darf jedoch bezweifelt werden. Ganz klassisch kann natürlich
auch ein Salatblatt unter den Burger gelegt werden.

Lammkoteletts
in Whiskeysahne

für 4 Personen
Zubereitungszeit 5–10 Minuten plus Garzeit | **Marinierzeit** 8–12 Stunden

Zutaten

frischer Bärlauch
1/2 TL Rosmarinnadeln
150 ml Whiskey
150 g Sahne
2 EL Olivenöl
20 kleine Lammkarrees (French Rack)

Zubereitung

Den Bärlauch waschen, trockenschütteln und fein hacken, es soll etwa 1 Esslöffel voll sein (zur Not getrockneten Bärlauch nehmen). Die Rosmarinnadeln fein hacken.

Whiskey, Sahne, Olivenöl, Bärlauch und Rosmarin zu einer Marinade verrühren. Die Koteletts kurz abspülen und mit Küchenkrepp trockentupfen. In die Marinade legen und 8 bis 12 Stunden ziehen lassen.

Das Fleisch aus der Marinade nehmen, abtropfen lassen und indirekt bei 220–250 °C und geschlossenem Deckel 10 bis 12 Minuten garen.

Tipp

Am besten gelingen die Karrees unter kräftiger Hitze bei indirekter Grillmethode und geschlossenem Deckel. Aber auch wenn sie 2 bis 3 Minuten direkt gegrillt werden, schmecken sie vorzüglich.

Dazu passen Rosmarinkartoffeln (siehe Seite 75) und scharf angegrillte Cherrytomaten oder Streifen von roter Paprikaschote.
Statt Whiskey kann man auch sehr gut trockenen Sherry, vermischt mit 1 Teelöffel Honig, verwenden.

Steak am Spieß

für 4 Personen | Bambusspieße 2 Stunden wässern
Zubereitungszeit 15–20 Minuten plus Garzeit | **Marinierzeit** 8–10 Stunden

Zutaten

4 Scheiben Schweinenackensteak
2 EL Trockengewürzmischung
(Rub, s. Seite 103)
3 Paprikaschoten (rot/grün)
Außerdem:
8-10 Bambusspieße

Zubereitung

Die Steakscheiben kurz abspülen und mit Küchenkrepp trockentupfen. Von beiden Seiten mit der Gewürzmischung kräftig einreiben und an einem kühlen Ort 8 bis 10 Stunden marinieren.

Die Bambusspieße in kaltes Wasser legen und 2 Stunden einweichen lassen.

Die Paprikaschoten waschen, putzen und das Fruchtfleisch in 3 Zentimeter große Stücke schneiden.

Die Steakscheiben in 3 Zentimeter breite Streifen schneiden. Jeweils zuerst ein Stück Paprika auf jeden Spieß ziehen, dann einen zusammengeklappten Streifen Fleisch und mit einem andersfarbigen Stück Paprika abschließen, so dass das Fleisch durch die Paprikastücke etwas umschlossen wird.

Möglichst indirekt und bei geschlossenem Deckel und 200–230 °C 10 bis 12 Minuten grillen.

Tipp

Dies ist eine hübsche Kombination aus Fleisch und Gemüse, für diejenigen, denen eine ganze Scheibe Fleisch zu viel ist. Auch als Snack für zwischendurch bestens geeignet.

Die Spieße gelingen durchaus auch unter mehrmaligem Drehen bei direkter Grillmethode, dann muss man jedoch die Grillzeit reduzieren.

Gefüllte Lammkeule

für 6 Personen | **Zubereitungszeit** 15–20 Minuten plus Garzeit | **Ruhezeit** 6 Stunden

Zutaten

2 Eier
2 Knoblauchzehen
6 Stängel glatte Petersilie
10 Blätter Minze
10 Blätter Basilikum
4 Sardellenfilets
2 EL Paniermehl
2 EL Kapern
4 EL Öl
1 Lammkeule (ausgelöst)
Außerdem:
Zahnstocher oder Metzgerzwirn

Zubereitung

Eier in siedendes Wasser legen und in 8 bis 10 Minuten hart kochen. Knoblauch abziehen und grob hacken. Petersilie, Minze und Basilikum kurz abbrausen, trockenschwenken und grob hacken. Sardellenfilets etwas klein schneiden.

Eier pellen und mit Knoblauch, Petersilie, Minze, Basilikum, Sardellenfilets, Paniermehl und Kapern fein pürieren; dabei das Öl langsam zugeben, so dass eine dicke Masse entsteht.

Lammkeule kalt waschen und mit Küchenkrepp trockentupfen. An der Längsseite eine möglichst große Tasche für die Füllung schneiden. Die gewürzte Eiermasse einfüllen und die Lammkeule mit Zahnstochern oder Metzgerzwirn verschließen. Die gefüllte Keule an einem kühlen Ort 6 Stunden ruhen lassen.

Das Fleisch auf dem Grill bei kräftiger Hitze rundum kurz anbräunen und danach bei geschlossenem Deckel und ca. 160 °C indirekt weitergrillen. Die Garzeit liegt je nach Größe, Form und Temperatur zwischen 50 und 70 Minuten.

Tipp

Den Garzustand des Fleisches mit einem Bratenthermometer messen. Die Kerntemperatur liegt je nach Geschmack zwischen 60 °C bis 68 °C.

Die Beilage kann man relativ mild halten, da das Gericht sehr geschmacksintensiv ist.

Filetspieße
mit Cherrytomaten

für 4 Personen
Zubereitungszeit 20–25 Minuten plus Garzeit | **Marinierzeit** 4–6 Stunden

Zutaten

1 Knoblauchzehe
2 Stängel Petersilie
3 EL Sojasauce
1 EL Fischsauce
2 EL Ahornsirup
1 EL Sake
1 EL Olivenöl
2 EL Mangofruchtfleisch
1 TL Pinienkerne
350 g Rinderfilet
8 Cherrytomaten
Außerdem:
4 Bambusspieße, siehe Tipp

Zubereitung

Knoblauch abziehen und grob hacken. Petersilie kurz abbrausen und trockenschwenken. Beide Saucen, Sirup, Sake, Öl, Knoblauch, Petersilie, Mango und Pinienkerne fein pürieren. Die Marinade 2 Stunden ruhen lassen.

Das Rinderfilet kalt waschen, mit Küchenkrepp trockentupfen und in Würfel schneiden, die etwas größer als die Tomaten sind. Fleischstücke in die Marinade legen und 2 bis 4 Stunden marinieren lassen.

Die Tomaten waschen. Das Fleisch aus der Marinade nehmen, abtropfen lassen und im Wechsel mit den Cherrytomaten auf die Spieße ziehen. Allseitig scharf bei mindestens 300 °C anbraten, insgesamt aber nicht länger als 1 Minute. Anschließend 4 bis 6 Minuten indirekt bei 180–200 °C und bei möglichst geschlossenem Deckel weitergrillen. Ist kein Deckel vorhanden, mehrmals wenden.

Tipp

Die Tomaten sollten durch den Blütenansatz gespießt werden, um den Halt zu verbessern. Sie sollten zudem frei über dem Rost »schweben«, weshalb das Fleisch größer geschnitten sein muss.

Am besten legt man die Bambusspieße vor dem Gebrauch 2 Stunden in kaltes Wasser, damit sie beim Grillen nicht anbrennen. Oder man legt die gesteckten Spieße so auf den Grill, dass die freien Enden der Stäbe nicht über der Hitze liegen.

Rinderfilet
mit Wirsingfüllung

für 4 Personen | **Zubereitungszeit** 25–30 Minuten plus Garzeit

Zutaten

1 Zwiebel
500 g Wirsingkohl
1/2 TL frisch geriebene Muskatnuss
Pfeffer, Salz
1 kg Rinderfilet am Stück (gut
abgehangen, gleichmäßiger
Durchmesser)
100 g Speckwürfel (ca. 1 cm
groß)
Außerdem:
Metzgerzwirn

Zubereitung

Die Zwiebel abziehen und fein hacken. Vom Wirsing die schönsten Blätter abnehmen, abspülen und kurz in kochendem Wasser blanchieren. Danach in Eiswasser abschrecken und sehr gut abtropfen lassen. Die Wirsingblätter ein- bis zweimal der Breite nach schneiden und mit der Zwiebel und den Gewürzen durchmischen.

Das Rinderfilet kurz abspülen und mit Küchenkrepp trockentupfen. Eine Längsseite des Fleisches so aufschneiden, dass an der anderen Seite noch 1,5 Zentimeter stehen bleiben.

Die Wirsingblätter der Länge nach in die Fleischöffnung drücken, ohne allzu fest zu stopfen. An der offenen Längsseite sollten 1,5 Zentimeter frei bleiben. Die an den Stirnseiten überhängenden Enden abschneiden. Das Filet mit Metzgerzwirn verschnüren. Damit der Wirsing nicht austrocknet, an den Stirnseiten je einen Speckwürfel eindrücken.

Das Filet ohne Anbraten auf den Grill legen und bei 150 °C und geschlossenem Deckel ca. 1 Stunde indirekt grillen.

Tipp

Als mild-dezenter Gegenpart passt dazu grüner Spargel (siehe Seite 82) oder ein Süßkartoffelauflauf (siehe Seite 74).

Steaks

Garzeit temperaturabhängig 8-10 Minuten | **Ruhezeit** 3-4 Minuten

Diese Anleitung gilt sinngemäß für Steaks aller Art, wobei die konkrete Garzeit natürlich von der Fleischsorte und Fleischdicke bestimmt wird. Steaks vom Rind und Lamm mariniere ich in der Regel nicht - hier genügen mir nach dem Grillieren etwas Meersalz und ein guter Pfeffer. Pute verträgt durchaus eine dezente Marinade aus Bärlauch oder Früchten. Lediglich Schweine-nackensteaks mariniere ich bereits vor dem Grillen recht kräftig.

Zubereitung

Das Fleisch (für eine Person beispielsweise eine Scheibe Entrecoté, ca. 3 cm dick) kurz abspülen und mit Küchenpapier leicht trocknen. Jetzt gilt es, durch scharfes Anbraten möglichst schnell möglichst kräftige Röstaromen zu produzieren.

Nicht jeder Gasgrill besitzt die Möglichkeit das Fleisch direkt scharf anzubraten. Hier hilft nur, den Grill bei geschlossenem Deckel auf die höchst mögliche Temperatur zu bringen, das Fleisch umgehend aufzulegen und den Deckel sofort wieder zu schließen. Nach dem Anbraten das Fleisch kurz vom Rost nehmen und die Temperatur im Grill durch Lüften und Herunterdrehen der Regler deutlich reduzieren - Gasgrills regieren darauf in der Regel sehr schnell.

Schlanke Fleischscheiben sind damit bereits fertig, weil die Temperatur bereits deutlich (oder auch überdeutlich) bis in den Kern vorgedrungen ist. Wer das Fleisch im Kern gern blutig mag, kann das Grillieren an dieser Stelle ebenfalls beenden.

Ist die Scheibe ordentlich dick oder soll das Fleisch auch im Kern gegart werden, muss man das Fleisch nun wieder in den Grill legen und bei geschlossenem Deckel und geringst möglicher Temperatur ziehen lassen. Die Kerntemperatur überwachen Sie am besten durch ein Braten-Thermometer.

Bei Gasgrills mit mehreren Brennern in der Fläche sollten nach dem Anbraten alle Brenner bis auf einen komplett abgeregelt und der verbleibende auf niedrigste Stufe gestellt werden. Das Fleisch gart dann in dem Bereich der geschlossenen Brenner weiter.

Hackfleischröllchen
in Zucchini

für 4 Personen
Zubereitungszeit 10–15 Minuten plus Garzeit | **Marinierzeit** 30 Minuten

Zutaten

3 Zucchini (nicht zu schlank)
3 EL Olivenöl
3 EL Limettensaft
Pfeffer, Salz
150 g Hackfleisch, nach Geschmack gewürzt
Außerdem:
Zahnstocher

Zubereitung

Zucchini waschen, putzen und mit einer Brotschneidemaschine längs in maximal 1,5 Millimeter dicke Scheiben schneiden.

Das Öl mit dem Limettensaft verrühren und mit Pfeffer und Salz würzen. Die Zucchinischeiben in diesen Sud legen und ca. 30 Minuten marinieren.

Das Hackfleisch gegebenenfalls mit Pfeffer und Salz nachwürzen und zu kleinen, gut 1 Zentimeter dicken Röllchen formen.

Die Zucchinischeiben abtropfen lassen und die Röllchen damit in voller Länge einwickeln. Die Enden jeweils mit Zahnstochern fixieren.

Die Hackfleischröllchen bei geschlossenem Deckel und 200 °C ca. 12 Minuten grillen, bis das Fleisch vollständig durchgegart ist.

Tipp

Diese köstlichen Hackfleischröllchen sind einfach klasse.
Man kann sie als Snack oder als Beilage servieren.

Hackfleischspieße
im Kokosmantel

für 4 Personen
Bambusspieße 2 Stunden wässern | **Zubereitungszeit** 10–15 Minuten plus Garzeit

Zutaten

150 g Hackfleisch,
nach Geschmack gewürzt
Pfeffer, Salz
3 EL Kokosraspel
Außerdem:
12 Bambusspieße (möglichst
eckig und nicht rund)

Zubereitung

Die Bambusspieße in kaltes Wasser legen und 2 Stunden einweichen lassen.
Das Hackfleisch bei Bedarf mit Pfeffer und Salz nachwürzen und ausgiebig durchkneten, bis ein bindiger Brei entstanden ist.
Die Masse um die Spieße kneten, so dass sie richtig haftet. Der Durchmesser der fertigen Spieße sollte nicht größer als 1 Zentimeter sein. Abschließend in den Kokosraspeln wälzen und auf den Rost legen. Direkt, bei 250–280 °C und unter gelegentlichem Drehen 4 Minuten, indirekt bei ca. 220–230 °C und geschlossenem Deckel ca. 8 bis 10 Minuten grillen, bis das Hackfleisch vollständig durchgegart ist.

Tipp

Die Spieße gelingen sowohl indirekt bei geschlossenem Deckel als auch unter Wenden über der direkten Hitze.

Auch wer Kokos geschmacklich eigentlich nicht mag, sollte trotzdem das Gericht versuchen und sich überraschen lassen, denn Kokos verändert auf dem Grill seinen Geschmack.

Entenbrust
gefüllt mit Mangold und Pilzen

für 4–6 Personen | **Zubereitungszeit** 20–25 Minuten plus Garzeit

Zutaten

4 große Entenbrüste
10 Blätter Mangold
100 g Austernpilze (alternativ
Champignons)
1/2 Zwiebel
1/2 Knoblauchzehe
150 g Crème fraîche
2 EL Pizzakäse
1/2 TL frisch geriebene Muskatnuss
Pfeffer, Salz
Außerdem:
Metzgerzwirn oder Rouladennadeln

Zubereitung

Entenbrüste kalt waschen und mit Küchenkrepp trockentupfen. Auf jeder Brust die Hautseite im Zentimeterabstand rautenförmig einschneiden. Je eine Längsseite so tief und breit einschneiden, dass sich eine komfortable Tasche bildet.

Mangold waschen, abtropfen lassen, Pilze putzen und beides grob hacken. Zwiebel und Knoblauch abziehen und sehr fein hacken. Diese vier Zutaten mit Crème fraîche, Käse und Muskatnuss durchmischen, mit Pfeffer und Salz würzen.

Die Würzmasse so in die Taschen der Entenbrüste füllen, dass sie nicht austritt. Mit Zwirn zunähen oder mit Rouladennadeln zustecken.

Die Oberseite der Entenbrüste kräftig anbraten, bis sich eine deutliche Bräunung zeigt. Danach bei ca. 160 °C und geschlossenem Deckel 40 bis 60 Minuten (je nach Größe und tatsächlicher Temperatur) indirekt grillen.

Tipp

Abschließend mit Calvados flambieren: grandios!

Bunte Hähnchenspieße

für 4 Personen | **Zubereitungszeit** 25–30 Minuten plus Garzeit

Zutaten

4 Hähnchenbrustfilets
8 Scheiben Bacon
2 Paprikaschoten (rot/grün)
2 Zwiebeln
6 Stängel glatte Petersilie
2 EL Feta
Außerdem:
4-6 Grillspieße

Zubereitung

Hähnchenbrustfilets kalt waschen, mit Küchenkrepp trockentupfen und in 2,5 Zentimeter große Würfel schneiden. Jedes Filet mit Bacon umwickeln, jedoch nicht vollständig umhüllen.

Paprikaschoten waschen, putzen und das Fruchtfleisch in 3 Zentimeter große Stücke schneiden. Zwiebeln abziehen und vierteln. Aus den Zwiebelvierteln die Schalen einzeln auslösen und die auswählen, welche in ihrer Größe zu den Fleischstücken passen.

Petersilie waschen, trockenschwenken und fein hacken. Den Käse mit einer Gabel zerkrümeln und die Petersilie untermischen. Von dieser Masse reichlich in die Innenseite der Zwiebelschalen drücken. Abwechselnd Paprikastücke, Zwiebel (Öffnung zum Fleisch) und Fleisch auf die Spieße ziehen. Mit Paprikastücken abschließen, damit eine symmetrische Optik entsteht.

Die Spieße bei 200 °C und geschlossenem Deckel 15 bis 20 Minuten indirekt grillen.

Tipp

Die Hähnchenspieße gelingen unter mehrmaligem Wenden durchaus auch bei direkter Grillmethode. Dann jedoch die Grillzeit reduzieren.

Putenbrust »Lo Sbarco«

für 4 Personen | **Zubereitungszeit** 10–15 Minuten plus Garzeit

Zutaten

4 Putenbrustfilets (3-4 cm stark)
150 g Büffelmozzarella
12 getrocknete Tomaten in Öl
16 große Blätter Basilikum
Außerdem:
Zahnstocher

Zubereitung

Putenfilets kalt waschen und mit Küchenkrepp trockentupfen. Mit einem spitzen, scharfen Messer an den Längsseiten komfortable Taschen einschneiden.

Den Käse in Scheiben schneiden. Das Fleisch mit Tomaten, Basilikum und Mozzarella füllen und die Öffnungen mit Zahnstochern verschließen. Bei ca. 175 °C und geschlossenem Deckel 15 bis 20 Minuten indirekt grillen.

Tipp

Spargel vom Grill (siehe Seite 82) passt wunderbar zu diesem Sommergericht.

Dank

an Pietro, für die unvergesslich schönen Tage in Balestrate/Sizilien und die Erfahrungen, die wir in seiner Restaurantküche sammeln durften!

Drunken Chicken

für 4 Personen | **Zubereitungszeit** 10 Minuten plus Garzeit
Foto auf Seite 15

Zutaten

1 Grillhähnchen
2 EL Trockengewürzmischung
(Rub, siehe Seite 103)
1 Dose Bier (0,33 Liter)
Knoblauch oder Tabasco nach
Geschmack
1 Zwiebel
Außerdem:
1 Hähnchenhalter, Metzgerzwirn

Zubereitung

Das Grillhähnchen innen und außen kalt waschen und sorgfältig mit Küchenkrepp trockentupfen. Je nach Wunsch mit viel oder wenig trockener Gewürzmischung (Rub) innen und außen einreiben, dabei die Mischung auch vorsichtig unter die Haut reiben.
Die Bierdose aufreißen und einen kleinen Schluck trinken. Nach Wunsch eine abgezogene Knoblauchzehe, ein paar Spritzer Tabascosauce oder andere Gewürze in die Bierdose geben.
Das Bier in den Halter stellen und das Hähnchen über die Dose stülpen. Die obere Öffnung des Körpers zunähen oder mit einer abgezogenen Zwiebel verschließen. Das Hähnchen indirekt bei 150 °C bis 180 °C bei geschlossenem Deckel 1,5 bis 2 Stunden grillen.

Tipp

Durch das allmählich verdunstende Bier wird das Fleisch außergewöhnlich zart, saftig und aromatisch.

Wenn Sei je 1 TL Curry und Paprika in etwas Öl verrühren und den Vogel damit gelegentlich einpinseln, wird er noch aromatischer und knuspriger.

Der Hähnchenhalter ist im Fachhandel und im Internet erhältlich, und durchaus ein witziges Geschenk für Grillfreaks.

Ganze Gans vom Grill

für 6–8 Personen | **Zubereitungszeit** 20–25 Minuten plus Garzeit

Zutaten

1 Gans (ausgenommen, ohne Hals)
frisch gemahlener Pfeffer, Salz
1 EL Honig
Butter nach Bedarf
Außerdem:
Metallspieße, Draht, Backpinsel

Zubereitung

Den Grill auf 160 °C vorheizen.

Die Gans außen und innen kalt waschen und mit Küchenkrepp gut trockentupfen. Gegebenenfalls letzte Federkiele entfernen. Innen und außen mit Pfeffer und Salz, die Haut mit Honig einreiben. Um die Keulen gut durchzugaren, kann man sie mit Metallspießen und etwas Draht auseinanderspreizen.

Die Gans mit dem Rücken nach oben auf den Rost legen, Deckel schließen und den Weihnachtsbaum aufstellen.

Sofern der Grill es technisch zulässt, mehrmals das in die Wanne getropfte Fett über die Gans schöpfen. Wenn das nicht geht, die Gans mehrmals mit flüssiger Butter und einem Backpinsel einfetten. Diesen Vorgang zügig erledigen, damit nicht so viel Hitze verloren geht. Nach 4 bis 5 Stunden sollte die Gans fertig sein.

Tipp

So gelingt die Gans wirklich nur richtig gut auf einem großen Kugel- oder Haubengrill bzw. im Smoker.

Die genaue Garzeit hängt sehr vom Gewicht des Tieres, der Grilltemperatur und ein bisschen auch vom Gerät ab. In jedem Fall sollte man ein Bratenthermometer verwenden. Bei einer Kerntemperatur zwischen 75 °C und 80 °C ist das Fleisch der Gans zart und rosa, bei 90 °C voll durchgegart.

Wer das Fleisch im Geschmack etwas rauchig mag, kann zeitweise eine Räucherbox mit Holzspänen mit in den Grill stellen. Wenn man sauber gearbeitet hat, befindet sich in der Wanne reines Gänsefett, das man mit Beifuß und etwas Orangensaft zu einer herrlichen Sauce verarbeiten kann. Dazu selbst gemachte Klöße und Rotkohl: köstlich!

Satéspieße

für 4 Personen | Bambusspieße 2 Stunden wässern
Zubereitung 15 Minuten plus Garzeit | **Marinierzeit** 1 Stunde

Zutaten

700 g Hähnchenbrustfilet
15 Blätter Minze
100 ml Kokosmilch
2 EL Sojasauce
2 EL Fischsauce
1 TL gemahlener Koriander
1 TL gemahlener Kreuzkümmel
1 TL gemahlener Ingwer
2 EL Honig
5 EL Limettensaft
Chiliflocken
Außerdem:
16 lange Bambusspieße

Zubereitung

Die Bambusspieße in kaltes Wasser legen und 2 Stunden einweichen lassen.

Die Hähnchenbrustfilets kalt waschen, mit Küchenkrepp trockentupfen und in 1 Zentimeter große Würfel schneiden.

Die Minzeblätter in einem Mörser fein zerreiben und mit allen übrigen Zutaten vermischen. Das Fleisch darin 1 Stunde marinieren.

Die Fleischwürfel aus der Marinade nehmen, abtropfen lassen und jeweils vier auf einen Spieß ziehen. Die Spieße bei 300 °C und offenem Deckel von allen Seiten ca. 4 Minuten direkt grillen. Dabei die Spießenden über den Rand des Grills legen, damit sie nicht verbrennen.

Tipp

Satéspieße gelingen auch vorzüglich mit Rind und Lamm.
Die Bambusspieße gut wässern, damit sie nicht verbrennen!

Putensteaks
mit süß-saurem Weißkraut

für 4 Personen | **Zubereitungszeit** 30–35 Minuten plus Garzeit

Zutaten

1 kleiner Weißkohl
1 Zwiebel
1 Knoblauchzehe
2 EL Olivenöl
2 EL mittelscharfer Senf
2 EL Weißweinessig
2 EL Ahornsirup
frisch gemahlener Pfeffer, Salz
4 Scheiben frisches Bauernbrot
4 große Putensteaks

Zubereitung

Den Weißkohl putzen und die äußeren harten Blätter entfernen. Die weichen Blätter des Kohls sehr fein schneiden oder mit einer Küchenmaschine zerkleinern. Zwiebel abziehen und sehr klein schneiden. Knoblauch abziehen und durch eine Knoblauchpresse drücken.

Olivenöl in einer Pfanne erhitzen. Kohl, Zwiebeln und Knoblauch hinzugeben und 5 Minuten anbraten. Senf, Essig und Sirup dazu geben und unter Rühren 10 Minuten köcheln lassen, bis die Flüssigkeit verdunstet ist. Mit Pfeffer und Salz würzen und noch weitere 10 Minuten bei schwacher Hitze ziehen lassen.

In der Zwischenzeit die Brotscheiben auf Teller legen. Die Putensteaks kalt waschen und mit Küchenkrepp trockentupfen.

Die Putensteaks ohne zu würzen auf den 250–280 °C heißen Grill legen. Nach 1 Minute um 90 Grad drehen, um ein schönes Brandmuster zu bekommen und nochmals 1 Minute grillen. Die Steaks wenden und den Vorgang wiederholen.

Die gegrillten Steaks auf das Brot legen und mit dem warmen Kraut bedecken.

Tipp

Dazu passt ein spritzig-frischer Weißwein wunderbar.

Piri-Piri-Hähnchenflügel

für 4 Personen
Zubereitungszeit 15–20 Minuten plus Garzeit | **Marinierzeit** 8–10 Stunden

Zutaten

1 kg Hähnchenflügel
3 EL Sojasauce
3 EL Fruchtessig
3 EL Olivenöl
2 TL gemahlener Koriander
1 TL Kardamom
1 TL gemahlener Kreuzkümmel
2 TL gemahlener Ingwer
10 Blätter Minze, fein gemörsert
5 Stängel glatte Petersilie
2 Frühlingszwiebeln
3 Knoblauchzehen
5 EL Limettensaft
Chiliflocken
Außerdem:
Backpinsel

Zubereitung

Die Hähnchenflügel kalt waschen und mit Küchenkrepp trockentupfen. Die übrigen Zutaten miteinander sehr fein pürieren. Das Fleisch damit bedecken und 8 bis 10 Stunden (gern auch länger!) marinieren.

Die Flügel aus der Marinade nehmen und mit der Haut nach oben bei geschlossenem Deckel und 160 °C ca. 60 Minuten indirekt grillen. Dabei zwei- bis dreimal mit der Marinade bestreichen.

Sollte die Haut nicht kross genug sein, die Flügel kurz vom Rost nehmen, den Grill bei geschlossenem Deckel maximal aufheizen und die Flügel noch kurz brutzeln lassen.

Tipp

Wer es etwas milder mag, kann der Marinade 1 bis 2 Esslöffel Honig beimischen.

Info

Piri-Piri ist die portugiesische Bezeichnung für scharfe Chilischoten.

Fruchtige Entenbrust

für 4 Personen | **Zubereitungszeit** 20–25 Minuten plus Garzeit | **Marinierzeit** 4 Stunden

Zutaten

4 Entenbrüste
1 l Orangensaft
1 Granatapfel
Fruchtfleisch von 1/2 Mango
100 g Feta

Zubereitung

Entenbrüste kalt waschen und mit Küchenkrepp trockentupfen. Die Hautseite im Zentimeterabstand rautenförmig einschneiden. Jede Entenbrust an einer Längsseite so tief und breit einschneiden, dass eine komfortable Tasche entsteht. Das Fleisch in einer Form mit dem Orangensaft bedecken und 4 Stunden marinieren.

Den Granatapfel aufschneiden, die Kerne herauslösen und in eine Schüssel geben. Das Fruchtfleisch der Mango und den Käse zugeben und alles zusammen sehr fein pürieren.

Die Entenbrüste aus dem Saft nehmen, abtropfen lassen und die Füllung in die Taschen streichen. Da die Masse sehr geschmacksintensiv ist, sollte sie nicht zu dick aufgetragen werden.

Die Oberseite der Entenbrüste kräftig anbraten, bis sich eine deutliche Bräunung zeigt. Danach bei ca. 160 °C und geschlossenem Deckel 40 bis 60 Minuten (je nach Größe und tatsächlicher Temperatur) indirekt grillen.

Tipp

Wem Feta zu intensiv ist, kann stattdessen Crème fraîche oder Büffelmozzarella in Scheiben auf die Fruchtmasse in den Taschen geben.

Lässt Ihr Grill kein direktes heißes Anbraten zu, können Sie das Fleisch auch in der Küche auf dem Herd anbraten.

Statt Granatapfelkernen kann man auch das Fruchtfleisch einer rosa Grapefruit verwenden.

Fruchtige Putenrouladen

für 4 Personen | **Zubereitungszeit** 15–20 Minuten plus Garzeit

Zutaten

4 große Putenschnitzel (möglichst flach geschnitten)
8 Scheiben Bacon (fest in der Struktur)
1 Zwiebel
1 rote Grapefruit
Fruchtfleisch von 1/2 Mango
100 g Crème fraîche
3 EL Olivenöl
Außerdem: Zahnstocher

Zubereitung

Putenschnitzel kalt waschen und mit Küchenkrepp trockentupfen. Je zwei Scheiben Bacon nebeneinander auslegen und je ein Schnitzel flach darauflegen.

Die Zwiebel abziehen und fein hacken. Die Grapefruit schälen und die Fruchtfilets auslösen. Das Fruchtfleisch der Mango grob schneiden. Zwiebel, Grapefruit, Mango, Crème fraîche und Öl miteinander fein pürieren.

Die Fruchtmasse auf die Schnitzel streichen. Die Putenschnitzel mit dem Bacon fest, aber nicht stramm aufrollen und die Enden mit Zahnstochern fixieren.

Rouladen bei geschlossenem Deckel und 180 °C 25 bis 30 Minuten indirekt grillen.

Tipp

Heiße Bruschetta passt vorzüglich zu diesen fruchtig-leichten Rouladen; dazu Ciabatta-Scheiben mit Knoblauch einreiben, mit Olivenöl beträufeln und mit gewürzten Würfelchen aus Tomaten und Frühlingszwiebeln besetzen.

Unter mehrmaligem Wenden gelingen die Putenrouladen bei milder Hitze auch mit der direkten Grillmethode.

Putenrouladen
mit Blattspinat

für 4 Personen | **Zubereitungszeit** 15–20 Minuten plus Garzeit

Zutaten

300 g TK-Blattspinat
1/2 Zwiebel
4 große Putenschnitzel (möglichst flach geschnitten)
8 Scheiben Bacon (fest in der Struktur)
150 g Crème fraîche
1/2 TL frisch geriebene Muskatnuss
1/2 TL frisch gemahlener Pfeffer
Außerdem:
Zahnstocher

Zubereitung

Den Spinat auftauen lassen. Zwiebel abziehen und fein hacken. Putenschnitzel kalt waschen und mit Küchenkrepp trockentupfen. Je zwei Scheiben Bacon nebeneinander auslegen und je ein Schnitzel flach darauflegen. Die Putenschnitzel mit Crème fraîche bestreichen, die Zwiebeln darauf verteilen und mit Muskatnuss und Pfeffer würzen.

Den Spinat gut abtropfen lassen und dünn auf die vorbereiteten Schnitzel legen. Putenschnitzel mit dem Bacon fest, aber nicht stramm aufrollen und die Enden mit Zahnstochern fixieren.

Die gefüllten Putenrouladen bei geschlossenem Deckel und 160 °C 25 bis 30 Minuten indirekt grillen.

Tipp

Dazu passt ein frischer, würzig angemachter Feldsalat. Unter mehrmaligem Wenden gelingt das Gericht bei milder Temperatur auch über direkter Hitze.

Hähnchen
mediterran

für 4 Personen | **Zubereitungszeit** 10–15 Minuten plus Garzeit | **Marinierzeit** 3 Stunden

Zutaten

4 große Hähnchenbrustfilets
1 Knoblauchzehe
30 Blätter Basilikum
1 EL Olivenöl
1 EL Limettensaft
Zitronenpfeffer

Zubereitung

Die Hähnchenbrüste kalt waschen, mit Küchenkrepp trockentupfen und auf einen großen Teller legen. Die Hautseiten im Zentimeterabstand rautenförmig ca. 1 Zentimeter tief einschneiden.
Knoblauch abziehen. Knoblauch, Basilikum, Öl, Limettensaft und Zitronenpfeffer grob pürieren und die Masse mit einem Teelöffel in die Einschnitte des Filets füllen. Das Fleisch abdecken und an einem kühlen Ort 3 Stunden ziehen lassen.
Die marinierten Hähnchenfilets aus der Marinade nehmen, abtropfen lassen und bei geschlossenem Deckel und 180 °C ca. 25 Minuten indirekt grillen.

Tipp

Ein Salat aus sonnengereiften Tomaten, Zwiebeln und Aceto balsamico passt dazu hervorragend.

Bei direkter Grillmethode nur mit milder Hitze arbeiten. Nacheinander zuerst die Unter- und dann die Oberseiten fertig grillen.

Kalmare
mit Couscous gefüllt

für 4 Personen | **Zubereitungszeit** 25–30 Minuten plus Garzeit | **Ruhezeit** 1 Stunde

Zutaten

1 Packung Couscous (300 g)
500 g Kalmare
1/2 rote Paprikaschote
1 Knoblauchzehe
4 Stängel glatte Petersilie
4 EL Olivenöl
1 EL Limettensaft
1/2 TL gemahlener Koriander
Pfeffer, Salz
Außerdem:
Zahnstocher

Zubereitung

Couscous nach Packungsangabe zubereiten und auskühlen lassen. Die Kalmare kalt waschen und mit Küchenkrepp trockentupfen. Kalkblättchen und Tintenbeutel entfernen. Die Tentakeln abtrennen. Die Körper bis zur Weiterverwendung kühl stellen.

Paprikaschote waschen, putzen und grob stückeln. Knoblauch abziehen und grob hacken. Petersilie waschen und trockenschwenken. Gemeinsam mit Öl, Limettensaft, Koriander, Pfeffer, Salz und den Tentakelteilen grob pürieren. Die Masse unter den Couscous mischen und 1 Stunde ruhen lassen.

Die Kalmare mit der Masse gut füllen, aber nicht zu sehr stopfen. Je nach Bindigkeit der Füllmasse die Öffnungen mit einem Zahnstocher verschließen. Die gefüllten Kalmare bei geschlossenem Deckel und 180 °C 15 bis 20 Minuten indirekt grillen.

Tipp

Das Gericht gelingt durchaus auch bei direkter Grillmethode.

Dem Couscous kann man etwas Paniermehl beimischen, um die Bindung der Masse zu erhöhen. Mit etwas Charme erledigt das Vorbereiten der Kalmare auch bereits der Fischverkäufer.

Garnelen & Jakobsmuscheln
vom Grill

für 4 Personen | Bambusspieße 2 Stunden wässern
Zubereitungszeit 15–20 Minuten plus Garzeit | **Marinierzeit** 5 Stunden

Zutaten

8 Garnelen (mindestens 6 cm lang, geschält, ohne Darm)
4 Jakobsmuscheln (Nüsschen)
2 Knoblauchzehen
5 EL Olivenöl
1 TL frisch gehacktes Koriandergrün
frisch gemahlener Pfeffer
2 Limetten
Außerdem:
kleine Bambusspieße

Zubereitung

Die Bambusspieße in kaltes Wasser legen und 2 Stunden einweichen lassen.

Garnelen und Jakobsmuscheln kalt waschen und mit Küchenkrepp trockentupfen. Knoblauch abziehen und sehr fein pressen. Aus Öl, Knoblauch, Koriandergrün und etwas Pfeffer eine Marinade anrühren. Garnelen und Jakobsmuscheln in die Marinade legen und 5 Stunden ziehen lassen.

Garnelen und Muscheln aus der Marinade nehmen, gut abtropfen lassen und die Reste des Korianders und Knoblauchs entfernen. Garnelen und Muscheln separat auf Bambusspieße ziehen.

Die Spieße entweder bei kräftiger Hitze und geschlossenem Deckel 12 Minuten indirekt oder bei milder Hitze 6 bis 8 Minuten direkt grillen. Dabei aus den frisch aufgeschnittenen Limetten zwei- bis dreimal Saft auf die Meeresfrüchte spritzen.

Tipp

Selbstverständlich kann man auch Muscheln und Garnelen gemeinsam auf den Spieß ziehen, allerdings sind dann die feinen Einzelgeschmäcker separat nicht wahrnehmbar.

Eine angenehm frische Ergänzung sind leicht eingeölte Cherrytomaten, die mit den Muscheln und Garnelen auf die Spieße gezogen werden.

Von den oft üblichen Dips oder Saucen ist entschieden abzuraten, denn sie überlagern den feinen Geschmack der Meeresfrüchte, ohne ihn zu verbessern.

Spitzpaprika mit Forelle
und Gemüse

für 4 Personen | **Zubereitungszeit** 15–20 Minuten plus Garzeit | **Marinierzeit** 30 Minuten

Zutaten

3 Möhren

3 Frühlingszwiebeln

250 g geräuchertes Forellenfilet

3 EL Aceto balsamico

3 EL Olivenöl

4 Spitzpaprika

Zubereitung

Das Gemüse waschen. Möhren putzen und erst in 4 Millimeter dicke Streifen, dann in 1 Zentimeter große Stücke schneiden. Frühlingszwiebeln putzen und in 5 Millimeter dicke Scheiben schneiden. Das Forellenfilet grob zerbröseln. Alles mit Essig und Öl gut vermengen und 30 Minuten ziehen lassen.

Währenddessen die Paprikaschoten auslegen, um die stabilste Stellung der Schote zu finden. Auf der Oberseite dann eine Öffnung in die Frucht schneiden, so dass man später die Füllung bequem mit einem Löffel einbringen kann und dennoch umlaufend ein Rand verbleibt. Schoten waschen, Kerne und Trennwände entfernen und den Stiel einkürzen.

Die Paprikaschoten vollständig füllen, aber nicht stopfen und auf den Grill legen. Indirekt bei ca. 200 °C und bei geschlossenem Deckel 10 bis 12 Minuten grillen.

Tipp

Natürlich gelingt das Gericht auch mit »normalen« Paprikaschoten. Spitzpaprika liegt jedoch wesentlich besser auf dem Grill.

Möhren haben eine längere Garzeit als die anderen Zutaten der Füllung. Deshalb die Stücke nicht zu groß schneiden.

Thunfischtaschen
mit Kresse und Mandeln

für 4 Personen | **Zubereitungszeit** 15 Minuten plus Garzeit

Zutaten

1 Handvoll Feldsalat
6 EL Brunnenkresse
3 Frühlingszwiebeln
1 Knoblauchzehe
4 EL Olivenöl
1 EL Limettensaft
2 EL Mandeln
1 TL Sojasauce
4 Thunfischsteaks (ca. 2 cm stark)

Außerdem:
Backpinsel

Zubereitung

Feldsalat waschen und trockenschwenken. Kresse und Frühlingszwiebeln waschen und grob hacken. Knoblauch abziehen und sehr fein pressen. Diese vier Zutaten mit etwas Öl und Limettensaft gut durchmischen.

Mandeln grob hacken, in etwas Öl anbräunen, Sojasauce hinzufügen und kurz köcheln lassen. Nach dem Abkühlen mitsamt dem Bratöl zu der Kressemischung geben und alles vermengen.

Die Thunfischsteaks kalt waschen und mit Küchenkrepp trockentupfen. Mit einem spitzen, scharfen Messer Taschen in die Fischfilets schneiden, so dass die Ränder dreiseitig geschlossen bleiben. Die Füllung in die Taschen geben, ohne zu stopfen, und mit dem übrig gebliebenen Saft der Füllung außen bepinseln.

Die Thunfischtaschen von beiden Seiten kurz und bei 280–300 °C anbraten, so dass der Rost deutliche Brandspuren hinterlässt, jedoch nicht länger als 30 Sekunden von jeder Seite. Indirekt, bei 180 °C und bei geschlossenem Deckel, ca. 3 Minuten weiter grillen.

Tipp

Der freundliche Fischhändler schneidet auf Bitte die Taschen in die Filets.
Das Gericht gelingt durchaus auch ohne Grilldeckel, allerdings sollten dann die
Filets zwei- bis dreimal gewendet werden.
Ein herrlich leichtes Sommergericht!

Lachs
mit Olivenpesto

für 4 Personen | **Zubereitungszeit** 20–25 Minuten | **Ziehzeit** 2 Stunden

Zutaten

1/2 kleine Zwiebel
1/2 Knoblauchzehe
100 g Walnüsse
150 g entkernte schwarze Oliven
3 EL Olivenöl
4 EL geriebener Parmesan
Pfeffer, Salz
4 Stücke Wildlachs (à 200 g)
10-12 Scheiben Bacon (fest in der Struktur)

Zubereitung

Zwiebel und Knoblauch abziehen. Zwiebel, Knoblauch, Nüsse und Oliven grob hacken und mit dem Öl fein pürieren. Nach und nach den Parmesan unterrühren. Mit Pfeffer und Salz würzen. Die Masse 2 Stunden ziehen lassen.

Den Lachs kalt waschen und mit Küchenkrepp trockentupfen. Die Lachsstücke seitlich der Länge nach tief einschneiden und mit der Olivenmasse füllen. Man kann den Schnitt auch ganz durchführen und legt die Teile nach dem Befüllen wieder übereinander.

Die gefüllten Fischstücke mit Bacon umwickeln. Bei ca. 200 °C und geschlossenem Deckel indirekt grillen, bis der Bacon leicht knusprig ist. Der Bacon kann, muss aber nicht mitgegessen werden.

Tipp

Das Gericht gelingt auch bei direkter Grillmethode. Dann sollte es jedoch mehrfach gewendet werden.

Saibling
mit Kräuterhonig im Blätterteigmantel

für 4 Personen | **Zubereitungszeit** 25–30 Minuten plus Garzeit | **Ruhezeit** 2 Stunden

Zutaten

1/2 Knoblauchzehe
2 Stängel glatte Petersilie
4 Stängel Dill
3 EL Honig
3 EL Olivenöl
150 g Crème fraîche
1 TL gemahlener Kreuzkümmel
1 TL Thymian
1/2 TL Currypulver
1/2 TL Zitronenpfeffer
Salz
6-8 Scheiben TK-Blätterteig
800 g frisches Saiblingsfilet
2 Eigelb
Außerdem:
Backpinsel

Zubereitung

Knoblauch abziehen und grob hacken. Petersilie und Dill etwas klein schneiden. Knoblauch, Petersilie und Dill mit Honig, Olivenöl, Crème fraîche, Kreuzkümmel, Thymian, Currypulver, Zitronenpfeffer und wenig Salz fein pürieren, so dass eine streichfähige Masse entsteht. 2 Stunden ruhen lassen.

Den Blätterteig ganz kurz antauen lassen. Das Saiblingsfilet kalt waschen und mit Küchenkrepp trockentupfen. Den Blätterteig, nebeneinander gelegt, zu einem breiten Fladen ausrollen, so dass der Fisch darin eingewickelt werden kann. Das Saiblingsfilet von beiden Seiten mit der Würzmasse bestreichen und auf dem Teig auslegen.

Den Teig dicht über den Fisch klappen, gegebenenfalls einkürzen, und alle Enden mit einer Gabel so zusammendrücken, dass sich der Teig verbindet und fest am Fisch anliegt. Den Teig an der Oberseite mit der Gabel mehrmals einstechen. Das Eigelb verquirlen und das Blätterteigpaket damit bepinseln.

Den eingepackten Fisch bei geschlossenem Deckel und ca. 180 °C indirekt ca. 15 bis 20 Minuten grillen, bis der Blätterteig gut aufgegangen ist.

Tipp

Ein leichtes Gericht und ganz sicher ein interessantes Geschmackserlebnis!

Barramundi
mit Senf-Limetten-Dip

für 4 Personen | **Zubereitungszeit** 10–12 Minuten plus Garzeit

Zutaten
2 EL mittelscharfer Senf
150 g Salatcreme
1 TL Sojasauce
1 EL Olivenöl
1 TL Thymian
2 Limetten
600-800 g Barramundifilets
frisch gemahlener Pfeffer

Zubereitung
Für den Dip Senf, Salatcreme, Sojasauce, Öl, Thymian und den Saft einer Limette zu einer glatten Sauce verrühren.
Die Barramundifilets kalt waschen und mit Küchenkrepp trockentupfen. Die Filets pfeffern und von beiden Seiten kurz, direkt und bei 250–280 °C anbraten. Dabei mehrfach mit dem Saft der zweiten Limette besprizten.
Den Fisch in Portionsstücke teilen und mit dem Senf-Limetten-Dip servieren.

Tipp
Dies ist ein leckeres Zwischengericht, zu dem hervorragend das Rosmarinbrot von Seite 76 passt.

Dorschfilet
mit Obst im Päckchen

für 4 Personen | **Zubereitungszeit** 15–20 Minuten plus Garzeit

Zutaten

4 Dorschfilets
2 Kiwis
1/2 Apfel
4 Erdbeeren
2 EL Olivenöl
Chiliflocken
Außerdem:
Aluminiumfolie oder Backpapier
oder Küchenpergament

Zubereitung

Die Dorschfilets kalt waschen und mit Küchenkrepp trockentupfen. Kiwis und Apfel schälen, Erdbeeren waschen und putzen. Alle Früchte fein schneiden oder raspeln.

4 Stück Aluminiumfolie zu je 30 Zentimeter Länge ausbreiten und die Fischfilets jeweils mittig auflegen. Mit Öl beträufeln. Chiliflocken aufstreuen, doch Vorsicht: Nicht zu viel verwenden, denn die Schärfe sollte nicht vorherrschen, sondern nur leicht im Abgang zu spüren sein.

Die Früchte auf die Fischfilets legen und die Folien so falten, dass sie dicht verschlossen sind (bei Back- und Pergamentpapier mit Küchengarn verschließen). Bei 200–220 °C direkt oder indirekt 5 bis 8 Minuten durchgaren.

Tipp

Alternativ können Sie auch Kabeljau, Scholle oder Zander nehmen. Natürlich kann man auch andere, möglichst milde Früchte wie Pfirsich, Aprikose, Mango oder Himbeere verwenden.

Dazu passen hervorragend Kartoffeln im Baconmantel. Dazu einfach gegarte Kartoffeln mit Baconscheiben umwickeln und ein paar Minuten indirekt mitgrillen.

Lachs,
gegrillt auf Zedernholzplanken

für 4 Personen | Zederholzbretter 2 Stunden wässern
Zubereitungszeit 5–10 Minuten plus Garzeit

Zutaten

4 Stücke Wildlachs (à 150-200 g)
1 Limette
1/2 TL sehr fein gehackter Dill
frisch gemahlener Pfeffer
Außerdem:
2 Zedernholzbretter
1 EL Olivenöl

Zubereitung

Die Zedernholzbretter 2 Stunden wässern. Abtropfen lassen, leicht einölen und auf dem Grill kurz aufwärmen.

Den Lachs kalt waschen, mit Küchenkrepp trockentupfen und auf die Bretter legen. Limettensaft aus der frisch aufgeschnittenen Frucht über den Lachs spritzen. Sparsam Dill und Pfeffer darüber streuen.

Den Lachs bei ca. 160 °C ca. 10–12 Minuten indirekt bei geschlossenem Deckel grillen. Fertig ist er, wenn weiße Tropfen aus dem Fleisch austreten.

Tipp

Zedernholzbretter gibt es im Internethandel bei BBQ-Scout, Pepperworld und anderen. Die im Zedernholz enthaltenen Öle geben dem Lachs einen rauchig-würzigen Geschmack. Die Bretter lassen sich abwaschen und mehrere Male wieder verwenden.

Sofern vorhanden, ist dies ein hervorragendes Gericht für den Smoker. Garzeit dort je nach Temperatur 30 bis 40 Minuten.

Wolfsbarsch
süß & scharf

für 2 Personen | **Zubereitungszeit** 20–25 Minuten plus Garzeit
Ziehzeit 2 Stunden | **Marinierzeit** 3 Stunden

Zutaten

2 Knoblauchzehen
4 EL Sojasauce
2 EL Fischsauce
2 EL Olivenöl
3 EL Ahornsirup
2 EL Limettensaft
1 TL frisch geriebener Ingwer
1 TL Chiliflocken
1 TL frisch gehacktes Koriandergrün
2 TL frisch gehackte glatte Petersilie
2 ganze Wolfsbarsche (ausgenommen und geschuppt)
Außerdem:
2-4 Bananenblätter,
Zahnstocher

Zubereitung

Knoblauch abziehen und durch eine Knoblauchpresse drücken. Knoblauch, Sojasauce, Fischsauce, Olivenöl, Ahornsirup, Limettensaft, Ingwer, Chiliflocken, Koriandergrün und Petersilie gut miteinander verrühren und 2 Stunden ziehen lassen.

Die Wolfsbarsche kalt waschen und mit Küchenkrepp trockentupfen. Die Haut auf beiden Seiten schräg zu den Gräten mehrfach tief einschneiden. Die Fische am gesamten Körper innen und außen kräftig mit der Marinade einstreichen und an einem kühlen Ort 3 Stunden marinieren.

Bananenblätter auslegen. Die Barsche sehr kurz, aber heftig bei 280–300 °C anbraten und mittig auf die Blätter platzieren. Die Ränder der Blätter so zusammenfalten, dass die Fische jeweils vollständig umschlossen sind. Mit Zahnstochern verschließen. Die Fische indirekt bei 180 °C in 25 bis 35 Minuten durchgaren. Im Bananenblatt servieren.

Tipp

Wer mag, kann die Barsche auch mit Kartoffelscheiben, Möhrenstreifen, Frühlingszwiebeln und Paprikastreifen füllen, um ein komplettes Gericht zu erhalten.

Statt mit Wolfsbarsch gelingt das Gericht auch mit Forellen oder Red Snapper ausgezeichnet.

Forelle
mit Kräutern

für 4 Personen | **Zubereitungszeit** 10–15 Minuten plus Garzeit

Zutaten

4 kleine Forellen (ausgenommen)
3 TL Zitronenpfeffer
4 Frühlingszwiebeln
20 Stängel Dill
8 Stängel glatte Petersilie
4 Stängel Koriandergrün
4 EL Butter
2 Limetten
Außerdem:
4 Fischzangen

Zubereitung

Die Forellen kalt waschen, mit Küchenkrepp trockentupfen und innen kräftig mit Zitronenpfeffer würzen.

Frühlingszwiebeln waschen, halbieren und längs ein- bis zweimal aufschneiden. Die Kräuter von groben Stängeln befreien und grob zupfen. Zusammen mit der Butter und den Frühlingszwiebeln in den Bauch der Fische stopfen.

Die gefüllten Forellen in die Fischzangen spannen und von beiden Seiten kurz heiß anbraten. Dabei mit dem Saft der frisch aufgeschnittenen Limetten abspritzen. Danach bei 170 °C und geschlossenem Deckel 12 bis 15 Minuten indirekt weiter grillen.

Tipp

Nach dem Servieren die Füllung herausnehmen und als Beilage grob pürieren. Dazu passen gut gedämpfte Salzkartoffeln oder Backkartoffeln vom Grill. Wer es noch etwas saftiger mag, kann mit den Kräutern 1 bis 2 Esslöffel Quark in die Fische füllen.

Herzhafter werden die Fische, wenn man sie vor dem Einspannen in die Fischzangen mit 3 bis 4 Scheiben Bacon umwickelt.

Tintenfischtuben
mit Gemüsefüllung

für 4 Personen | **Zubereitungszeit** 15–20 Minuten plus Garzeit

Zutaten

1/2 Zucchini
1/2 rote Paprikaschote
1 kleine Zwiebel
2 Knoblauchzehen
3 Stängel glatte Petersilie
3 TL Blauschimmelkäse
1/2 TL Zitronenpfeffer
500 g Tintenfischtuben

Zubereitung

Zucchini und Paprikaschote waschen und putzen. Zwiebel und Knoblauch abziehen. Petersilie kurz abbrausen und trocken-schwenken. Alles sehr klein hacken und mit Käse und Zitronenpfeffer gut durchmischen oder grob pürieren.

Die Tintenfischtuben kalt waschen und mit Küchenkrepp trockentupfen. Mit der Gemüsemasse prall füllen und kurz scharf angrillen. Danach bei ca. 180 °C und geschlossenem Deckel 15 bis 20 Minuten indirekt weiter grillen.

Tipp

*Dazu passt ein Salat aus sonnengereiften Tomaten.
Sollte die Masse nicht fest genug sein, kann man die Tuben auch mit Zahnstochern verschließen.*

Wer Blauschimmelkäse nicht mag, nimmt stattdessen Feta.

Lachs-Gemüse-Spieße
mit Mango

für 4 Personen | **Zubereitungszeit** 30–35 Minuten plus Garzeit | **Marinierzeit** 2 Stunden

Zutaten

1/2 Knoblauchzehe
1 Stängel Dill
1 EL Honig
1 EL Olivenöl
1 TL Thymian
1/2 TL Zitronenpfeffer
800 g Lachsfilet
10 Okraschoten
8 Stangen grüner Spargel
3 Frühlingszwiebeln
1 kleine Fenchelknolle
1 schlanke Stange Porree
1 Mango
Außerdem:
8 lange Bambusspieße, siehe Tipp
Backpinsel

Zubereitung

Knoblauch abziehen und grob hacken. Dill etwas klein schneiden. Beides mit Honig, Olivenöl, Thymian und Zitronenpfeffer fein pürieren, bis eine glatte, streichfähige Marinade entstanden ist.

Das Lachsfilet kalt waschen, mit Küchenkrepp trockentupfen und in 3 Zentimeter große Würfel schneiden. Die Lachswürfel mit der Marinade einstreichen und 2 Stunden ziehen lassen.

Okraschoten, Spargel und Frühlingszwiebeln waschen, putzen und in 3 Zentimeter lange Stücke schneiden. Fenchel und Porree waschen, putzen und in 5 Millimeter dicke Scheiben schneiden. Mango schälen, das Fruchtfleisch vom Kern und in 2 bis 3 Zentimeter große Würfel schneiden.

Alle Zutaten abwechselnd auf die Spieße ziehen und mit der Marinade bepinseln. Bei geschlossenem Deckel und 160 °C bis 180 °C indirekt ca. 20 Minuten grillen, bis aus dem Lachs weißer Saft austritt.

Tipp

Wenn man die Spieße direkt grillt, sollten die Bambusspieße zur Sicherheit 2 Stunden vorher gewässert und das Gemüse vorher blanchiert werden.

Lachs-Quiche

für 4 Personen | **Zubereitungszeit** 15–20 Minuten plus Garzeit | **Ruhezeit** 1 Stunde

Zutaten

150 g Mehl
100 g Butter
1 Ei
1 kleine Zwiebel
300 g Lachsfilet
1 TL Dillspitzen
100 g Crème fraîche
1 EL Pizzakäse
Saft von 1 Limette

Außerdem:
Springform (26 cm Durchmesser)
oder Backblech

Zubereitung

Mehl, Butter und Ei verkneten, bis sich alles gut verbunden hat. Den Teig zu einer Kugel formen und im Kühlschrank 1 Stunde ruhen lassen.

Zwiebel abziehen und gemeinsam mit Lachs und Dill zu einem feinen Brei pürieren. Crème fraîche untermischen.

Den Teig ca. 5 Millimeter dick ausrollen und in eine Springform legen. Die Lachsmasse knapp 1 Zentimeter dick aufstreichen und dünn mit Käse bestreuen.

Die Quiche bei ca. 180 °C und geschlossenem Deckel 10 bis 12 Minuten indirekt grillen. Zum Servieren in Stücke schneiden und mit etwas Limettensaft beträufeln.

Tipp

Ein leichtes, aber ungemein leckeres Sommergericht,
zu dem vorzüglich ein frischer Weißwein
oder zur richtigen Jahreszeit ein Gläschen Federweißer passt.

Kartoffeln
im Auberginenmantel

für 4 Personen | **Zubereitungszeit** 30–35 Minuten plus Garzeit | **Marinierzeit** 30 Minuten

Zutaten

8 flache Kartoffeln (faustgroß, festkochend)
1-2 Auberginen
100 ml Olivenöl
3 EL Limettensaft
1 TL frisch gehacktes Koriander-grün
Pfeffer, Salz
Außerdem:
Zahnstocher

Zubereitung

Kartoffeln waschen, schälen und bissfest kochen. Währenddessen die Auberginen längs in 1,5 Millimeter dicke Scheiben schneiden. Das gelingt am besten mit einer Brotschneidemaschine.

Öl, Limettensaft und fein gehacktes Koriandergrün miteinander verrühren und mit Pfeffer und Salz würzen. Die Auberginenschei-ben mindestens 30 Minuten in diesem Sud marinieren, gut abtrop-fen lassen.

Die abgekühlten Kartoffeln mit den Auberginenscheiben umwi-ckeln. Die Enden der Scheiben mit 2 Zahnstochern fixieren.

Bei geschlossenem Deckel und ca. 200 °C ca. 12 Minuten grillen.

Tipp

Leicht und frisch kommt diese Beilage daher. Sie passt zu allen Fleischarten und wird durchaus auch gern als »Solo-Leckerli« genossen.

Auch auf dem offenen Grill bei direkter Hitze gelingen die Kartoffeln, dann sollten sie jedoch mehrmals gewendet werden.

Süßkartoffelauflauf
vom Grill

für 4 Personen | **Zubereitungszeit** 20–25 Minuten plus Garzeit

Zutaten

500 g Sahne

3 Eier

200 g Pizzakäse

1 TL frisch geriebene Muskatnuss

1/2 TL Currypulver

Pfeffer, Salz

4-6 Süßkartoffeln

2 rote Zwiebeln

2 rote Paprikaschoten

2 Knoblauchzehen

Außerdem:

1 Auflaufform, 3 EL Olivenöl

Zubereitung

Die Sahne mit den Eiern und der Hälfte des Pizzakäses verrühren und mit Muskatnuss, Currypulver, Pfeffer und Salz würzen.

Süßkartoffeln waschen, schälen und in 3 Millimeter dicke Scheiben schneiden. Zwiebeln abziehen, Paprikaschoten putzen und beides grob schneiden. Knoblauch abziehen und fein hacken.

Eine Auflaufform mit Öl ausstreichen. Kartoffeln, Paprika, Zwiebeln und Knoblauch in die Auflaufform geben und mit der Sahnemasse übergießen.

Die Form auf den Grill stellen und den Auflauf bei ca. 200 °C und geschlossenem Deckel insgesamt 40 bis 45 Minuten indirekt grillen. Nach 30 Minuten den restlichen Pizzakäse auf die Masse geben und den Auflauf knusprig backen.

Tipp

Ohne Grilldeckel wird das Gericht nicht gelingen, denn die Oberhitze ist notwendig. Wer es nicht ganz so lieblich mag, kann die Hälfte der Süßkartoffeln auch gegen einheimische Kartoffeln ersetzen. Wer es hingegen süßer mag, kann den restlichen Pizzakäse vor dem Aufstreuen auch mit braunem Zucker mischen.

Rosmarinkartoffeln

für 4 Personen | **Zubereitungszeit** 20–25 Minuten plus Erwärmzeit
Marinierzeit 3 Stunden

Zutaten

20 kleine Kartoffeln (festkochend)
4 Zweige frischer Rosmarin
4 EL Olivenöl
Außerdem:
1 Aluminiumschale

Zubereitung

Kartoffeln waschen, schälen und gut bissfest kochen. Währenddessen die Rosmarinnadeln von den Zweigen abziehen und fein
hacken. Kartoffeln, Öl und Rosmarin in eine Schüssel geben und
3 Stunden ziehen lassen.
Die Kartoffeln in eine Aluminiumschale legen und auf dem Grill bei
200–250 °C und geschlossenem Deckel ca. 10 Minuten indirekt er-
wärmen.

Tipp

Es sind nicht immer die komplizierten, aufwändigen oder teuren Dinge,
die kulinarische Freude bereiten. Diese Beilage gehört dazu
und ist ungemein lecker zu Lamm und Rind.

Noch besser werden die Kartöffelchen, wenn man die Gelegenheit hat,
in einem Smoker oder mit Spänen Rauch zu erzeugen.
Über vorgekochte Kartoffeln aus dem Handel lässt sich sicher streiten.
Aber auch mit ihnen gelingt diese Beilage trefflich.

Rosmarinbrot

für 4–6 Personen | **Zubereitungszeit** 25–30 Minuten plus Garzeit | **Gehzeit** 2 Stunden

Zutaten

400 g Weizenmehl
1 Päckchen Trockenhefe
200 g Buttermilch
1 EL Zucker
1/2 Zwiebel
1 EL Pizzakäse
2 EL Butter
1 TL Salz
6 frische Rosmarinzweige

Zubereitung

Mehl und Hefe in einer Schüssel trocken vermengen. 4 Esslöffel Wasser, Buttermilch und Zucker dazugeben und einen glatten Teig kneten. Die Schüssel abdecken und den Teig an einem warmen Ort 30 Minuten gehen lassen.

Die Zwiebel abziehen und fein hacken. Den Teig nochmals durchkneten, dabei schrittweise die Zwiebelwürfel, den Pizzakäse, die Butter und das Salz beimengen. Den Teig nochmals ca. 90 Minuten gehen lassen.

Vom Teig knapp handgroße Stücke abtrennen und so um die Rosmarinzweige kneten, dass knapp 2 Zentimeter dicke Laibe entstehen. Bei geschlossenem Deckel und ca. 180 °C etwa 30 Minuten indirekt grillen.

Tipp

Es wäre einen Test wert, ob dieser Backvorgang auch ohne Deckel funktioniert, indem man die Brote gelegentlich wendet und mit einer Fettschale abdeckt.

Gefüllte Champignons

für 4 Personen | **Zubereitungszeit** 10–15 Minuten plus Garzeit

Zutaten

4 Riesenchampignons
2 EL Olivenöl
100 g Hackfleisch,
gewürzt nach Geschmack
Pfeffer, Salz, Paprikapulver
2 EL Pizzakäse
Außerdem:
Backpinsel

Zubereitung

Die Champignons nach Bedarf mit Küchenkrepp abwischen. Stiele vorsichtig entfernen, dabei die Lamellen stehen lassen. Das gelingt meist durch einfaches Ausbrechen. Falls nicht, hilft ein Teelöffel oder noch besser ein Ausschäler. Es geht dabei nicht um ein Ausschaben, sondern nur um die Entfernung des Stiels. Die Pilzköpfe innen mit Öl einpinseln.

Die Hackfleischmasse nach Bedarf mit Pfeffer, Salz und Paprikapulver nachwürzen und in die Pilze drücken. Dabei keinen Berg ausbilden, sondern mit der Pilzkante abschließen, weil die Masse sonst zu lange für das Durchgaren benötigt. Den Pizzakäse aufstreuen.

Die gefüllten Champignons bei geschlossenem Deckel 10 bis 12 Minuten 200–220 °C indirekt grillen. Nicht das Verlaufen des Käses zeigt den Abschluss des Grillens an, sondern das Festwerden der Hackfleischmasse.

Tipp

Dieses Gericht kann man beliebig abwandeln, denn die Pilze lassen sich mit allem füllen, was der Gaumen begehrt. Als kleine Anregung sei genannt: Feta allein oder zusammen mit klein geschnittenem Obst sowie Fisch pur oder zusammen mit Gemüseraspeln.

Gegrillte Tomaten
mit Blattspinat

für 4–6 Personen | **Zubereitungszeit** 20–25 Minuten plus Garzeit

Zutaten

250 g TK-Blattspinat
6 Tomaten (sonnengereift, mittel-
groß, fest)
1/2 Zwiebel
Pfeffer, Salz
frisch geriebene Muskatnuss
2 EL Feta

Zubereitung

Den Spinat auftauen lassen.

Die Tomaten waschen. Je einen Deckel auf der gegenüberliegen-den Seite des Blütenansatzes abschneiden. Tomaten mit einem Ku-gelausstecher vorsichtig aushöhlen, dabei jedoch nur das Innere auslösen und nicht den Rand schwächen. 15 Minuten kopfüber austropfen lassen.

Den Spinat gründlich abtropfen lassen. Die Zwiebel abziehen, in sehr kleine Würfel schneiden (gegebenenfalls pürieren) und unter den Blattspinat mischen. Mit Pfeffer, Salz und Muskatnuss würzen. Die Tomaten bis zum Rand mit der Spinatmischung füllen und mit Käse bestreuen. Bei 200–220 °C und geschlossenem Deckel 10 bis 12 Minuten indirekt grillen, bis die Tomatenhaut leicht schrumpelig wird.

Tipp

Frische Zutaten sind natürlich immer besser, aber die Tomaten schmecken auch mit einem fertig gewürzten Zwiebel-Muskat-Blattspinat aus dem Tiefkühlregal.

Wer mag, kann den Feta mit etwas Creme fraîche geschmeidig machen und unter den Spinat mischen.

Paprika
mit Couscousfüllung

für 4 Personen | **Zubereitungszeit** 15–20 Minuten plus Garzeit | **Ziehzeit** 1 Stunde

Zutaten

1 Packung Couscous (300 g)
2 EL Limettensaft
5 EL Olivenöl
1 TL gemahlener Kreuzkümmel
1 TL gemahlener Kardamom
1 TL gemahlener Sternanis
4 Paprikaschoten (rot/grün)

Zubereitung

Couscous nach Packungsangabe zubereiten und auskühlen lassen. Limettensaft, Öl, Kreuzkümmel, Kardamom und Sternanis untermischen. Etwa 1 Stunde durchziehen lassen.

Die Paprikaschoten waschen, mit Küchenkrepp trockentupfen und so halbieren, dass beide Hälften einen halbwegs sicheren Stand haben. Kerne, Trennwände und Stielansätze entfernen.

Die Paprikahälften mit dem Couscous füllen und auf den Grill stellen. Indirekt bei ca. 180–200 °C und bei geschlossenem Deckel ca. 10 Minuten grillen.

Tipp

Einen angenehm fruchtigen Geschmack gibt auch der untergemischte Saft von Tomaten ab. Dazu lässt sich das Innenleben von ausgehöhlten Tomaten verwenden, aus denen die groben Bestandteile entfernt wurden. Nach dem Grillen kann man etwas Sauerrahm dazugeben.

Um die Standsicherheit der Paprikaschoten während des Grillens zu verbessern, sollte man sie geschickt auf die Zwischenräume des Grillrostes stellen.

Spargel
mit Koriandergrün im Päckchen

für 4 Personen | **Zubereitungszeit** 15–20 Minuten

Zutaten

24 Stangen grüner Spargel
1 EL frisch gehacktes Koriandergrün
2 EL Butter
1 Limette
Pfeffer, Salz
Außerdem:
Aluminiumfolie, Backpapier oder
Küchenpergament

Zubereitung

4 Stück Aluminiumfolie à 30 Zentimeter Länge auf eine Arbeitsfläche legen.
Den Spargel kurz abspülen, abtropfen lassen und die Spargelenden
nach Bedarf etwas einkürzen. Je 6 Spargelstangen auf die Folien
legen. Koriandergrün und Butter über dem Spargel verteilen. Einige
Spritzer Saft von der halbierten Limette sowie etwas Pfeffer und Salz
darübergeben.
Die Folien so falten, dass dicht schließende Päckchen entstehen
(bei Backpapier und Pergament mit Küchengarn verschnüren).
Die Päckchen auf den Grill legen und den Spargel bei 200 °C und
geschlossenem Deckel ca. 10–12 Minuten durchgaren.

Tipp

*Dies ist eine feine und würzig-aromatische Beilage zu deftigem Fleisch.
Aber auch solo als Entree oder Abschluss verwöhnt sie
die Gaumen der Genießer.*

*Alternativ kann man statt mildem Spargel auch
herzhafte Schwarzwurzeln verwenden.
Um den Saft zu erhalten, wird zweckmäßigerweise in der Folie serviert,
die man nach dem Öffnen mit einer Schere etwas einkürzen kann.*

Teigtaschen
mit Gemüse

für 4 Personen | **Zubereitungszeit** 35–40 Minuten plus Garzeit | **Gehzeit** 2,5 Stunden

Zutaten

400 g Weizenmehl
1 Päckchen Trockenhefe
150 g Buttermilch
50 g Zucker
3 Eier
2 Möhren
1 grüne Paprikaschote
1 Zwiebel
4 Stängel glatte Petersilie
3 EL Feta
Pfeffer, Salz
Außerdem:
Backpinsel

Zubereitung

Das Mehl und die Hefe in einer Schüssel trocken vermengen. 4 Esslöffel Wasser, Buttermilch und Zucker zufügen und einen glatten Teig kneten. Die Schüssel abdecken und den Teig an einem warmen Ort gehen lassen. Nach 30 Minuten nochmals durchkneten. Erneut ca. 90 Minuten gehen lassen.

Währenddessen 2 Eier hart kochen, abkühlen lassen, pellen und fein hacken. Möhren und Paprikaschote waschen und putzen, die Zwiebel abziehen. Das Gemüse grob schneiden; die Möhre etwas kleiner als die anderen. Das Gemüse in kochendem Salzwasser blanchieren und in Eiswasser abschrecken. Petersilie waschen, trocken schütteln und fein hacken.

Gekochte Eier, Gemüse, Petersilie und Käse gut vermengen. Mit Pfeffer und Salz würzen. Die Mischung ca. 30 Minuten durchziehen lassen.

Vom Teig Stücke abtrennen und bis auf 5 Millimeter Stärke ausrollen, so dass handtellergroße Fladen entstehen. Jeweils etwas Gemüsemischung auf eine Hälfte der Teigstücke geben. Die zweite Teighälfte über die Füllung klappen und die Ränder mit einer Gabel zusammendrücken, so dass sie fest verschlossen sind.

Das restliche Ei trennen und die Teigtaschen auf der Oberseite mit dem Eigelb bestreichen. Die gefüllten Teigtaschen bei 170–180 °C und geschlossenem Deckel 25 bis 30 Minuten grillen.

Tipp

Die Füllung lässt sich natürlich nach Belieben abwandeln. Hackfleisch braucht eine ähnlich lange Garzeit, Fisch oder Blattspinat mit Feta sind schneller gar.

Papayahälften
mit Kräuterquark

für 4 Personen | **Zubereitungszeit** 20–25 Minuten plus Garzeit

Zutaten

3 Stängel Dill
3 Stängel glatte Petersilie
3 Stängel Koriandergrün
250 g Sahnequark
1 EL Leinsamenöl
2 Papayas (nicht zu groß und reif)
50 g Ziegenkäse

Zubereitung

Die Kräuter kurz abspülen, trockenschütteln und grob hacken. Den Quark mit dem Öl cremig rühren und die Kräuter untermischen.
Die Papayas halbieren und die Körner auslösen. Den Kräuterquark bis an den Rand in die Fruchtschalen füllen. Den Ziegenkäse in dünne Scheiben schneiden und auf die Füllung legen.
Bei ca. 180–200 °C und geschlossenem Deckel 10 bis 12 Minuten indirekt grillen, bis der Käse gut verlaufen ist.

Tipp

Ein leichtes Gericht zum Abschluss eines kräftigen Grillabends. Statt des kräftigen Ziegenkäses kann man auch Büffelmozzarella oder Pizzakäse verwenden.

Dank

an meinen Freund Hans Fuchs für die Anregung, den Quark zusätzlich mit Shrimps anzureichern.

Baiserfrüchte
in der Ananashälfte

für 4 Personen | **Zubereitungszeit** 15–20 Minuten

Zutaten

2 Ananas
100 g Blaubeeren
4 Eiweiße
1 EL Puderzucker
20 frische Himbeeren

Zubereitung

Von beiden Ananasfrüchten den Blattansatz nach Wunsch abdrehen. Die Früchte längs halbieren und großflächig, aber nicht allzu tief aushöhlen. Die Blaubeeren waschen und mit Küchenkrepp trockentupfen.

Das Eiweiß zu steifem Schnee schlagen, dabei nach und nach den Puderzucker dazugeben. Die Blaubeeren unter den Eischnee heben.

Die Eiweißmasse bis etwas über den Rand in die Ananashälften füllen. Himbeeren waschen und trockentupfen. Je 5 Himbeeren leicht in den Eischnee drücken.

Bei geschlossenem Deckel und ca. 140–160 °C etwa 15 bis 20 Minuten direkt grillen.

Tipp

Vorsicht: Die Gäste werden dieses Dessert öfter haben wollen!
Prüfen Sie vor dem Serviere mit einem Zahnstocher, ob der Eischnee
auch gut durchgestockt ist.

Pfirsich
im Baconmantel mit Frischkäse

für 4 Personen | Zahnstocher 1 Stunden wässern
Zubereitungszeit 10–15 Minuten plus Garzeit

Zutaten

2 Pfirsiche (reif, saftig)
8 Scheiben Bacon (möglichst fest und breit)
2 EL Kräuterfrischkäse
Außerdem:
Zahnstocher, siehe Tipp

Zubereitung

Pfirsiche halbieren, Kerne entfernen und das Fruchtfleisch in Achtel schneiden. Den Bacon auf einer Arbeitsfläche auslegen und dünn mit Frischkäse bestreichen. Die Pfirsichstücke in den Bacon wickeln und die Enden mit Zahnstochern fixieren.
Indirekt bei 180–200 °C und geschlossenem Deckel 12 bis 15 Minuten grillen, bis der Bacon knusprig wird.

Tipp

Der Grill ist kein Fernsehgerät: Also den Deckel hübsch geschlossen halten, denn jedes Öffnen kostet Oberhitze.

Dieses »Leckerli« gelingt auch mit anderen Früchten wie Kiwi, Aprikose, Ananas, fester Birne und Feige oder auch mit Trockenfrüchten. Getrocknete Früchte kann man vorher noch einige Stunden in einem Obstbrand ziehen lassen.

Nicht vergessen: Zahnstocher vor ihrem Einsatz 1 Stunde wässern.

Flambierte Bananen

für 4 Personen | **Zubereitungszeit** 5–8 Minuten

Zutaten

4 Bananen
4 EL hochprozentiger Rum (Stroh Rum, 80 Vol.-%)
Außerdem:
1 spitzes, scharfes Messer

Zubereitung

Die Bananen ungeöffnet bei ca. 200 °C und geschlossenem Deckel auf den Grill legen, bis sie allseitig tiefschwarz geworden sind. Keine Angst: Die Schwarzfärbung der Schale ist kein Zeichen für ein Verbrennen, sondern lediglich ein Farbumschlag.
Die Bananen einzeln auf Teller legen. Die Früchte in ganzer Länge aufschneiden, mit zwei Teelöffeln aufspreizen, den Rum aufgießen und sofort entzünden. 40 Sekunden brennen lassen und dabei servieren.

Tipp

Dieses Gericht sollte im Dämmerlicht zubereitet und serviert werden, denn die Flammen sind ein kleines Schauspiel.

Mit dem Rum »Stroh 80er« gelingt dieses Dessert wirklich am besten, denn dieser Rum brennt wegen seines hohen Alkoholgehalts immer an und gibt zudem eine hübsch fruchtige Note. Schnäpse mit geringerem Alkoholgehalt muss man unter Umständen in einem kleinen Schälchen kurz vorwärmen, damit sie leichter entflammen.

Statt mit Rum können Sie die gegrillten Bananen auch mit Frucht- oder Schokosauce, Nutella, Schokosplitter oder auch Ahoi-Brausepulver verfeinern.

Eis vom Grill

für 4 Personen | **Zubereitungszeit** 20–25 Minuten

Zutaten

6 Eier
1 EL Puderzucker
1 Kiwi
6 Erdbeeren
4 Torteletts
250 g Vanilleeis
Außerdem:
Eisportionierer, Gasbrenner

Zubereitung

Die Eier aufschlagen und das Eigelb vom Eiweiß trennen. Aus dem Eiweiß einen steifen Schnee schlagen, dabei nach und nach den Puderzucker dazugeben.

Die Kiwi schälen, die Erdbeeren waschen und putzen und beides in sehr dünne Scheiben schneiden. Die Fruchtscheiben gleichmäßig auf den Torteletts verteilen. Das tiefgekühlte Eis mit einem Eisportionierer ausformen und auf die Früchte geben. Mit einem Schaber den steif geschlagenen Eischnee um die Eiskugel dick und dicht schließend bis über den Rand der Torteletts auftragen.

Das Dessert auf den auf 250 °C vorgeheizten Grill stellen und bei geschlossenem Deckel ca. 5 Minuten indirekt grillen.

Den ausgehärteten Eischnee nach Wunsch mit einem Gasbrenner leicht nachbräunen und bei Bedarf mit Fruchtsauce dekorieren.

Tipp

Der Trick besteht darin, dass der Eischnee durch die Hitze fest wird und eine wärmedämmende Wirkung entfaltet. Aus diesem Grund muss der Eischnee auch lückenlos aufgetragen werden. Ohne Grilldeckel wird dieses Gericht nicht gelingen.

Statt der Torteletts kann man natürlich auch einen selbst gebackenen Mürb- oder Biskuitteig verwenden, den man zu beliebigen Formen ausstechen oder schneiden kann.

Die Früchte lassen sich beliebig austauschen. So kann man durchaus auch in Alkohol eingelegte Früchte verwenden.

Limettenkuchen

für 6–8 Personen | **Zubereitungszeit** 60–70 Minuten

Zutaten

125 g Butter
250 g Zucker
3 Eier
350 g Mehl
1 EL Backpulver
100 ml Limettensaft
250 g Sauerrahm
Außerdem:
1 Kastenform (25 cm Länge)
Butter zum Einfetten

Zubereitung

Die Butter in einer Schüssel schaumig rühren. Nach und nach die Hälfte des Zuckers und die Eier zugeben und weiterrühren, bis eine glatte Masse entstanden ist. In einer zweiten Schüssel das Mehl mit dem Backpulver vermischen und einen Schuss Limettensaft sowie den Sauerrahm unterrühren. Die Mehlmischung dann nach und nach mit der Buttermasse vermengen.

Die Kuchenform einfetten, den Teig einfüllen. Die Form auf den Grill stellen und den Kuchen bei geschlossenem Deckel bei ca. 180 °C 45 Minuten backen.

Währenddessen den restlichen Zucker mit dem Limettensaft einköcheln lassen (entweder auf dem offenen Grill oder in der Küche auf der Kochstelle), bis ein dickflüssiger Sirup entstanden ist. Den Kuchen vom Grill nehmen und mit einer Gabel einige Male einstechen. Den Sirup langsam über den Kuchen geben und einziehen lassen.

Tipp

Ein krönender Abschluss für den deftigen Grillabend. Mit diesem Kuchen vom Grill kann man seine Gäste wirklich überraschen.

Und wenn man es richtig krachen lassen will, reicht man dazu noch eine Mischung aus Mascarpone, Schlagsahne und geriebener Limettenschale.

Nutellawraps
mit Früchten

für 4 Personen | **Zubereitungszeit** 20–25 Minuten

Zutaten

2 EL Ahornsirup

2 EL Limettensaft

2 Kiwis

1 Papaya

4 Tortillawraps

6 EL Nutella

Außerdem:

Zahnstocher, Backpinsel

Zubereitung

Sirup und Limettensaft vollständig verrühren.

Kiwis schälen. Papaya schälen und mit einem Teelöffel die Kerne herausschaben. Das Fruchtfleisch von Kiwi und Papaya in dicke Scheiben schneiden. Die Fruchtscheiben von beiden Seiten kurz und kräftig angrillen, dass sich deutliche Spuren des Rostes zeigen. Wraps auslegen und vollflächig, aber dünn mit Nutella bestreichen. Früchte in längliche Streifen schneiden und auf der Nusscreme auslegen. Wrap nicht zu straff wickeln und die Enden mit Zahnstochern fixieren. Die Röllchen allseitig mit dem Limettensirup bestreichen, so dass er in den Teig einziehen kann.

Indirekt oder direkt bei 220 °C und geschlossenem Deckel 4 bis 6 Minuten grillen, bis die Wraps leicht gebräunt sind.

Tipp

Bei dieser Zubereitung werden säuerliche Früchte verwendet. Natürlich kann man für dieses Gericht alle nur denkbaren Früchte verwenden. Nicht alle lassen sich jedoch vorher so leicht angrillen.

Zudem besitzen die Früchte sehr unterschiedliche Zucker- und Säuregrade, was man bei der Dosierung des Sirups beachten sollte. Sehr schön dazu passt natürlich eine Kugel Eis.

Info

Geboren wurde dieses Rezept in einer Pizzeria von Madonna di Campiglio, wo am Nachbartisch eine Nutella-Smarties-Pizza bestellt wurde.

Ananas
mit Chili und Amarettini

für 4 Personen | **Zubereitungszeit** 20–25 Minuten

Zutaten

5 Löffelbiskuits

25 Amarettini

3 EL Butter

3 EL Bienenhonig

Chiliflocken

1 Ananas

Außerdem:

Ananasausstecher

Zubereitung

Die Löffelbiskuits und die Amarettini sehr fein zerbröseln. Die Butter schaumig schlagen und die Brösel, Honig und Chiliflocken unterrühren, bis eine homogene, marzipanähnliche Masse entstanden ist.

Die Ananas sauber schälen, in 1 Zentimeter dicke Scheiben schneiden und mit einem Ausstecher die Strünke auslösen.

Die Ananasringe knapp 1cm dick mit der Masse bestreichen und auf den Grill legen. Bei geschlossenem Deckel indirekt ca. 8 Minuten überbacken. Die Hitze darf mit 220 °C bis 250 °C ruhig etwas höher sein.

Tipp

Süß, scharf und heiß: Was gibt es Schöneres!
Natürlich kann man auch Ananasringe aus der Dose verwenden.
Da diese jedoch gesüßt sind, sollte dann der Honiganteil
reduziert werden.

Melone
mit Feta

für 4 Personen | **Zubereitungszeit** 15–20 Minuten

Zutaten

1/2 reife Wassermelone
150 g Feta
20 Blätter Minze
Außerdem:
Kugelausstecher

Zubereitung

Die Wassermelone entkernen. An ihrer dicksten Stelle eine 3 Zentimeter starke Scheibe abschneiden. Die Schale entfernen und das Fruchtfleisch in 16 Würfel schneiden.

Mit einem Kugelausstecher auf je einer Würfelseite kleine Aushöhlungen schneiden. Den Käse in kleine Stücke schneiden. Die Öffnungen der Melonenwürfel vorsichtig – damit diese nicht zerbrechen – mit Käse ausfüllen.

Die gefüllten Melonenwürfel kurz und sehr kräftig angrillen, so dass sich an den Unterseiten ein deutliches Brandmal abzeichnet. Danach indirekt bei ca. 200 °C und geschlossenem Deckel weitergrillen, bis der Käse braune Kanten bekommt.

Minze waschen, trockenschwenken, sehr fein hacken und vor dem Servieren über die fertigen Würfel streuen.

Tipp

Die indirekte Hitze muss so stark sein, dass der Käse schnell bräunt und die Melone nicht matschig wird.

Melone lässt sich auch pur hervorragend grillen. Entweder als ganze, geschälte 3 Zentimeter dicke Scheibe oder in Teilstücken davon; maximal 2 Minuten von jeder Seite über direkter und kräftiger Hitze.

Baconbanane
mit Minze

für 4 Personen | **Zubereitungszeit** 15-20 Minuten

Zutaten

2 Bananen
4 Scheiben Bacon (fest in der Struktur, aber möglichst dünn geschnitten)
8 Blätter Minze
3 EL Honig
1 EL Limettensaft
gemahlener Zimt nach Wunsch
Außerdem:
Zahnstocher

Zubereitung

Bananen schälen und in Röllchen schneiden, die so lang sind, wie der Bacon breit ist. Bacon um die Bananenstücke wickeln und die Enden mit einem Zahnstocher fixieren.
Die Minze in einem Mörser fein zerreiben. Mit Honig und Limettensaft – und wer mag auch mit einer kleinen Prise Zimt – verrühren. Die Baconbanane darin kurz baden und abtropfen lassen.
Indirekt oder auch direkt bei 220–240 °C und geschlossenem Deckel grillen, bis der Bacon knusprig ist.

Tipp

Als Beilage passt sehr schön ein Stück Wassermelone mit einem Minzeblatt.

Wer mag, kann den Bacon zusätzlich auch dünn mit Frischkäse oder Feta bestreichen.

Feigen
mit Schafskäse

für 4 Personen | **Zubereitungszeit** 20–25 Minuten

Zutaten

2 EL Ahornsirup

2 EL Limettensaft

200 g Mascarpone

20 Blätter Minze

8 Feigen (groß, reif, frisch)

70 g Schafskäse

Zubereitung

Sirup und Limettensaft gut verrühren und unter den Mascarpone ziehen. Die Minzeblätter waschen, trockenschwenken und sehr fein hacken.

Feigen bis zum Blütenansatz kreuzförmig in Viertel oder Achtel aufschneiden und vorsichtig aufspreizen. Minze auf die Schnittflächen der Früchte streuen. Schafskäse in hauchdünne Scheiben schneiden und vorsichtig über die Schnittflächen formen.

Indirekt bei 180–200 °C und geschlossenem Deckel ca. 5 Minuten grillen, bis der Käse braune Ecken zeigt.

Die heißen Feigen mit je einem Klecks Limetten-Mascarpone servieren.

Tipp

Die Komposition aus drei verschiedenen Geschmacksrichtungen macht dieses Dessert sehr spannend!

Bratapfel
(nicht von Oma)

für 4 Personen | **Zubereitungszeit** 20–25 Minuten plus Garzeit | **Marinierzeit** 8 Stunden

Zutaten

4 Blätter Minze
4 EL Calvados
2 EL Limettensaft
1 EL Honig
1/2 TL gemahlener Zimt
2 EL rote Johannisbeeren
2 EL Rosinen
2 TL fein gehackte Mandelsplitter
4 Äpfel (Boskop)

Zubereitung

Die Minze in einem Mörser sehr fein zerstoßen. Calvados, Limettensaft, Honig und Zimt gut miteinander verrühren. Johannisbeeren, Rosinen, Mandeln und Minze darin über Nacht ziehen lassen. Stiel, Kerngehäuse und Blütenansatz der Äpfel mit einem Ausstecher entfernen, so dass eine zylindrische Öffnung entsteht. Den Blütenansatz sehr kurz abschneiden und als Pfropfen wieder in die untere Öffnung stecken.

Die Füllung mit dem Rest der Marinade in die Äpfel geben. Die gefüllten Äpfel bei 160–170 °C und geschlossenem Deckel ca. 25 Minuten indirekt grillen.

Tipp

Dazu eine Portion Sahne, die man durchaus noch mit Mascarpone und etwas geriebener Limettenschale verfeinern kann.

Bei direkter Grillmethode die Äpfel in Alufolie wickeln und nur eine schwache Hitze verwenden.

Wer gern mehr von der Füllung haben möchte, schneidet alternativ die Oberseite des Apfels ab, höhlt den Apfel so groß aus, wie er mag und füllt mehr von der Füllung ein.

Marshmallows
mit Aprikosen

für 4 Personen | **Zubereitungszeit** 10–15 Minuten

Zutaten

8 Aprikosen (reif, saftig)
8 Marshmallows
Außerdem:
8 Bambusspieße, siehe Tipp

Zubereitung

Jede Aprikose halbieren und den Kern entfernen. Die erste Frucht-hälfte so auf einen Spieß stecken, dass die offene Seite zur Spitze zeigt. Ein Marshmallow aufstecken und mit der zweiten Fruchthälf-te abschließen, so dass beide Aprikosenhälften den »Mäusespeck« einhüllen. Beide Hälften vorsichtig, aber bestimmt zusammen-schieben, sie müssen sich jedoch nicht berühren.

Die bestückten Spieße unter mehrmaligem Drehen direkt und bei 250–280 °C ca. 3 Minuten grillen. Idealerweise wird das Marsh-mallow außen leicht kross, schmilzt im Innern, und die Früchte zei-gen Brandstreifen des Rostes.

Tipp

Vorsicht: Die Marshmallows sind innen noch lange unerhört heiß! Vor-sicht auch mit Marshmallows, wenn sie solo gegrillt werden: Sie schmelzen und tropfen dann gern sehr heiß auf die Finger.

Statt Aprikosen lassen sich natürlich auch feste Erdbeeren, Kiwistücke oder Pfirsiche verwenden.

Wer ganz sichergehen will, weicht die Bambusspieße zuvor für längere Zeit in kaltem Wasser ein, um ein Anbrennen auf dem Grill zu vermeiden.

Mild-würzige Lammmarinade

für 1 kg Fleisch

Zutaten

1 Zwiebel
3 Knoblauchzehen
1 Möhre
1 Stange Porree
2 EL Rosmarin
1 EL schwarze Pfefferkörner
250 ml Fruchtessig

Zubereitung

Zwiebel und Knoblauch abziehen und fein hacken. Möhre und Porree waschen, putzen und sehr klein schneiden. Zusammen mit Rosmarin, Pfefferkörnern und Essig in 1/2 Liter Wasser aufkochen und bei schwacher Hitze ca. 5 Minuten köcheln lassen. Abkühlen und das Fleisch im Sud ca. 12 Stunden ziehen lassen.

Scharfe Lammmarinade

für 1 kg Fleisch

Zutaten

3 Knoblauchzehen
5 EL Olivenöl
4 EL Zitronensaft
1 EL Sojasauce
1/2 TL Thymian
1/2 TL Oregano
1/2 TL Lorbeerblätter
1 TL Chilipulver

Zubereitung

Knoblauch abziehen. Alle Zutaten fein pürieren und nach Bedarf abschmecken. Darin das Fleisch 5 Stunden einlegen.

Tipp *Die Marinierdauer eher kürzer als länger wählen, um einen leicht scharfen Abgang zu erzielen und das Fleisch nicht mit der Schärfe zu »erschlagen«.*

Mango-Joghurt-Marinade

für 1 kg Fleisch

Zutaten

1 Mango
1 Zwiebel
2 Knoblauchzehen
frischer Ingwer (ca. 2 cm)
1/2 Bund frische Petersilie
1 TL gemahlener Zimt
500 g Naturjoghurt
Salz, frisch gemahlener Pfeffer

Zubereitung

Mango schälen und das Fruchtfleisch vom Kern lösen. Zwiebel und Knoblauch abziehen. Ingwer schälen. Petersilie waschen und trockenschwenken. All diese Zutaten klein schneiden und mit dem Zimt unter den Joghurt mischen. Mit Salz und Pfeffer würzen. Die Marinade an einem kühlen Ort 3 Stunden durchziehen lassen. Das Fleisch einlegen und 12 Stunden marinieren.

Tipp *Diese fruchtig herbe Marinade eignet sich bestens für Lamm und Huhn. Statt der Mango kann man auch 15 getrocknete und klein gehackte Aprikosen oder Backpflaumen verwenden.*

Spareribs-Marinade

für 1 kg Fleisch

Zutaten

2 rote Zwiebeln

2 Knoblauchzehen

½ grüne Paprikaschote

2 EL Olivenöl

200 ml passierte Tomaten

2 EL Tomatenmark

3 EL Sojasauce

3 EL Ananassaft

4 EL Ahornsirup

2 EL mittelscharfer Senf

1 EL Johannisbrotkernmehl oder

Kartoffelstärke

Chiliflocken, Salz, Pfeffer

Zubereitung

Zwiebel und Knoblauch abziehen, Paprika waschen und putzen. Alles grob hacken und im Öl bei schwacher Hitze fein anrösten. Alle anderen Zutaten hinzufügen und bei schwacher Hitze ca. 20 Minuten köcheln lassen. Falls die Sauce zu dick wird, etwas Wasser angießen, falls sie zu dünn gerät, mit etwas Stärke nachdicken. Gegebenenfalls mit den verwendeten Zutaten nochmals deftig abschmecken und dann pürieren, bis eine sämige Sauce entsteht. Die Marinade abkühlen lassen, die Ribs (ohne Silberhaut) einlegen und über Nacht ziehen lassen.

Rub – Trockengewürzmischung

für 1 kg Fleisch

Zutaten

6 EL brauner Zucker

3 EL Zwiebelpulver

2 EL edelsüßes Paprikapulver

1 EL Knoblauchpulver

5 TL Senfpulver

3 TL Salz

2 TL Selleriesalz oder trockenes, gemahlenes Suppengrün

2 TL gemahlene Lorbeerblätter

2 TL gemahlener Koriander

2 TL frisch gemahlener Pfeffer

1 TL gemahlener Kreuzkümmel

1 TL getrocknetes Bohnenkraut

1 TL getrockneter Oregano

1 TL getrocknetes Basilikum

1/2 TL gemahlener Kardamom

Zubereitung

Alle Zutaten möglichst fein mahlen oder in einem Mörser zerstoßen. Gut durchmengen und trocken lagern.
Das Fleisch mehrere Stunden vor dem Grillen mit dieser Mischung kräftig einreiben.

Info *Rubs sind trockene Würzmischungen. Sie eignen sich vor allem als Barbecue-Marinade für Langzeitgerichte wie ganzer Schweinekamm oder Schweineschulter. Hier ist auch Salz erlaubt.*
Rubs lassen sich, trocken gelagert, mehrere Monate lang aufbewahren. Insofern kann man auch gleich eine größere Menge anmischen.

Limettendip mit Sprossen

für 6 Personen | **Zubereitungszeit** 15 Minuten

Zutaten

1 kleine Frühlingszwiebel
1 Bund Kerbel
50 g Alfalfasprossen
Saft von 1 Limette
50 ml Salatcreme
100 ml Naturjoghurt
1 Limette

Zubereitung

Frühlingszwiebel waschen, putzen und sehr fein hacken. Kerbel waschen, trockenschwenken und zwei Drittel sehr fein hacken. Sprossen grob schneiden und alles zusammen mit Limettensaft, Salatcreme und Joghurt vermengen. Die Limette waschen, in Scheiben schneiden, den restlichen Kerbel grob hacken und den Dip mit beidem garnieren.

Tipp *Passt ausgezeichnet zu Lamm oder auch als Dip zu Kräckern, Möhren, Paprika oder Sellerie. Alfalfa ist auch unter dem Namen Luzerne bekannt.*

Spundekäs

für 6 Personen | **Zubereitungszeit** 15 Minuten

Zutaten

1 Zwiebel
125 g Butter
1 EL Kapern
1 TL Senf
1 EL Paprikapulver
1 TL Kümmelpulver
Salz, Pfeffer
200 g Doppelrahm-Frischkäse
250 g Sahnequark

Zubereitung

Zwiebel abziehen und klein würfeln. Butter schaumig rühren. Zwiebel, Kapern, Senf, Paprika- und Kümmelpulver unterrühren. Mit Salz und Pfeffer abschmecken. Frischkäse und Sahnequark unterheben. Die Masse an einem kühlen Ort gut durchziehen lassen.

Tipp *Schmand, Crème fraîche, fein gehackte frische Kräuter oder frisch gepresster Knoblauch passen ebenfalls hervorragend in diese Masse. Das ist natürlich ein Kalorienkracher, der jedoch ausgezeichnet zu jeglichem Fleisch und zu Gemüse passt, aber auch auf geröstetem Brot schmeckt. Dazu ein frischer Weißwein, was braucht man mehr, um einen Tag glücklich zu beenden?! Eine ungewöhnliche Kombination, die aber ausgezeichnet zu Wild und Lamm passt.*

Chili-Schalotten-Sauce

für 6 Personen | **Zubereitungszeit** 15 Minuten

Zutaten

500 g Schalotten
3 EL Olivenöl
3 EL brauner Zucker
1 EL Tomatenmark
3 EL Madeira
3 EL dunkler Aceto balsamico
4 EL Chilisauce
1 EL Sesamöl

Zubereitung

Schalotten abziehen, längs vierteln und im Olivenöl 5 Minuten glasig dünsten. Zucker und Tomatenmark unterrühren und leicht anschwitzen. Mit Madeira und Aceto balsamico ablöschen, zugedeckt 20 Minuten köcheln lassen. Chilisauce dazugeben und nochmals 10 Minuten köcheln lassen. Abkühlen lassen. Schalotten entfernen, Sesamöl unterrühren und kalt servieren.

Tipp *Diese deftige Sauce zu kräftigem Fleisch, beispielsweise Rind, Lamm und Strauß, servieren.*

Senf-Orangen-Sauce

für 6 Personen | **Zubereitungszeit** 20-25 Minuten

Zutaten

1 Eigelb
1 TL feiner Senf
1 EL Zitronensaft
Salz
100 ml Öl
100 ml Orangensaft
125 g Sahne
2 EL körniger Senf
abgeriebene Orangenschale
(unbehandelt)
Pfeffer
1/2 EL Ahornsirup
4 getrocknete Tomaten in Öl

Zubereitung

Eigelb, feinen Senf, Zitronensaft und etwas Salz miteinander verrühren. Vorsichtig, aber zügig das Öl unterschlagen, bis die Mayonnaise cremig ist. Orangensaft und Sahne vorsichtig unterschlagen. Körnigen Senf und etwas Orangenschale unterrühren. Mit Salz, Pfeffer und Ahornsirup abschmecken. Tomaten fein würfeln und unterrühren.

Tipp *Diese Sauce passt hervorragend zu Geflügel jeder Art und Zubereitung. Sie eignet sich aber auch zum Dippen mit Brot.*

Preiselbeersauce

für 6 Personen | **Zubereitungszeit** 10 Minuten

Zutaten

1 Bund Schnittlauch
2 Knoblauchzehen
300 ml Preiselbeerkonfitüre
2 EL Senf

Zubereitung

Schnittlauch waschen und in ganz feine Röllchen schneiden. Knoblauch abziehen und sehr fein hacken. Konfitüre und Senf miteinander verrühren. Schnittlauch und Knoblauch unterrühren..

Tipp *Süß und deftig, eine ungewöhnliche Kombination, die aber ausgezeichnet zu Wild und Lamm passt.*

Bananen-Curry-Dip

für 6 Personen | **Zubereitungszeit** 15 Minuten

Zutaten

1 Banane
150 g Naturjoghurt
100 g Salatcreme
Salz
2 EL Currypulver
2 EL Zitronensaft

Zubereitung

Banane schälen, fein pürieren und mit Joghurt und Salatcreme cremig schlagen. Mit Salz, Curry und Zitronensaft würzen.

Tipp *Fein, mild und würzig, passt dieser Dip zu Lamm und Geflügel. Wer es schärfer mag, kann mit einigen Chiliflocken nachhelfen.*

Rezeptregister nach Kapiteln

Über den Autor

Ende der 90er-Jahre, etwa in der Mitte seines Lebens, erinnerte sich der diplomierte Ingenieur Sven Dörge wider lebhaft seines Jugendtraums: Gäste kulinarisch so zu bewirten, dass sie glücklich nach Hause gehen und gern wieder kommen.

Eine Barbecue-Meisterschaft in Belgien war für ihn die Initialzündung zu einem Konzept, das es in Deutschland so noch nicht gab: ein Catering, bei dem von der Vorspeise bis zum Dessert alles vom Grill kommt und direkt vor Ort zubereitet wird. 2004 gründete Sven Dörge die Barbecue Company Berlin. Er besuchte Seminare und Meisterschaften, wurde Mitglied der World Barbecue Association und ging bei Schweizer Grillmeistern in die Lehre.

2005 und 2006 nahm Sven Dörge dann an der Deutschen Grillmeisterschaft teil und wurde zweimal in Folge Deutscher Prof-Grillmeister. Das war der Durchbruch: Showgrill- und Promotion-Touren quer durch das Land, stets ausgebuchte Grillseminare, unzählige Fernsehauftritte und eigene Barbecue-Meisterschaften mit internationaler Top-Beteiligung in Berlins Mitte.

Heute richtet Sven Dörge mit seiner Firma ‚Dickes-B' vornehmlich die Events namhafter Unternehmen aus und begleitet unzählige Brautpaare kulinarisch in den Hafen der Ehe.

Impressum

ISBN 978-3-8094-4158-8

4. Auflage 2021

© 2020 by Bassermann Verlag, einem Unternehmen der Penguin Random House Verlagsgruppe GmbH, Neumarkter Straße 28, 81673 München
Dieses Buch ist eine veränderte Ausgabe des 2009 beim Südwest Verlag erschienenen Buches „Grillen: Techniken, Tricks & Rezepte"

Fotografie: Michael Holz, Hamburg
Foodstyling: Stevan Paul
Requisitenstyling: Christine Mähler

Ausgenommen:
stock.adobe.com: Seite 12 (Pro3DArt); Seite 13 (Kalim)

Umschlaggestaltung: Atelier Versen, Bad Aibling
Layout, Satz: Melanie Geigenberger, München
Herstellung: Elke Cramer
Projektleitung: Anja Halveland

Druck: DZS Grafik, d.o.o., Ljubljana

Penguin Random House Verlagsgruppe
FSC® N001967

Die Sauce für alles!

Dip zum Fleisch
=
1 EL KIKKOMAN natürlich gebraute Sojasauce
+
100 g Mayonnaise
+
1 TL Zitronensaft

Fleischfans wissen: KIKKOMAN natürlich gebraute Sojasauce aus den 4 reinen Zutaten Soja, Weizen, Wasser und Salz passt einfach immer: im Lieblingsgericht, zum Braten, zum Burger oder sogar im Dessert.

Wer sich bei Steaks und Grillspießen einen neuen Geschmack auf den Teller holen möchte, sollte einmal die Marinade mit KIKKOMAN natürlich gebrauter Sojasauce, Apfelmus und Senf probieren:

Marinade mit Apfelmus und Senf

- 50 ml KIKKOMAN natürlich gebraute Sojasauce
- 120 g Apfelmus
- 2 EL Senf
- 40 ml Olivenöl
- 1 TL gehackter Rosmarin

Alle Zutaten mischen, mit Fleisch nach Wunsch in einen Gefrierbeutel geben, vorsichtig vermengen und einige Stunden oder über Nacht im Kühlschrank marinieren.